대통령의 숙제

대통령의 숙제

초판 1쇄 발행 2022년 3월 28일

지은이 한지원

펴낸이 조기흠
기획이사 이홍 / **책임편집** 임지선 / **기획편집** 유소영, 정선영, 박단비, 전세정
마케팅 정재훈, 박태규, 김선영, 홍태형, 배태욱, 임은희 / **제작** 박성우, 김정우

펴낸곳 한빛비즈(주) / **주소** 서울시 서대문구 연희로2길 62 4층
전화 02-325-5506 / **팩스** 02-326-1566
등록 2008년 1월 14일 제25100-2017-000062호

ISBN 979-11-5784-569-9 (03300)

이 책에 대한 의견이나 오탈자 및 잘못된 내용에 대한 수정 정보는 한빛비즈의 홈페이지나
이메일(hanbitbiz@hanbit.co.kr)로 알려주십시오. 잘못된 책은 구입하신 서점에서 교환해드립니다.
책값은 뒤표지에 표시되어 있습니다.

⌂ hanbitbiz.com ∎ facebook.com/hanbitbiz ◼ post.naver.com/hanbit_biz
▶ youtube.com/한빛비즈 ◉ instagram.com/hanbitbiz

지금 하지 않으면 할 수 없는 일이 있습니다.
책으로 펴내고 싶은 아이디어나 원고를 메일(hanbitbiz@hanbit.co.kr)로 보내주세요.
한빛비즈는 여러분의 소중한 경험과 지식을 기다리고 있습니다.

대통령의 숙제

앞으로 나아갈
대한민국을 위한
경제학자의 제언

한지원 지음

HB 한빛비즈
Hanbit Biz, Inc.

들어가며

한국 대통령들은 5년간 롤러코스터를 탄다. 당선만 되면 국민적 기대를 한몸에 받으며 제왕이라 불릴 만큼 대단한 힘을 가지지만, 임기 중반을 지나면 레임덕에 빠져 정책을 집행하는 것조차 버거워한다. 심지어 퇴임 후에는 권력 남용과 가족·측근 비리로 역사에 오명을 남기는 경우도 부지기수다. 대통령은 취임 전에 국민에게 한 약속을 지키지 못하고, 국민은 그런 대통령에게 반복해서 실망한다.

지난 문재인 정부 역시 불행한 운명에서 비켜나지 못했다. 취임 직후 80%가 넘었던 지지율은 퇴임 직전 50%의 부정률로 뒤집어졌다. 경제 성장, 빈부격차 완화, 사회갈등 관리 등에서도 부정적 평가가 많다. 심지어 '촛불정부'를 자처했음에도 민주주의에서조차 이전 정부보다 좋은 평가를 받지 못했다. (이코노미스트 민주주의 지수에 따르면 문재인 정부 시기 시민 자유 점수는 8.1로 이전 두 정부 평균 8.5보다 낮다.) 왜 대중의 전폭적 지지를 받은 대통령이 집권했음에도 한국 사회는 이전보다 나아지지 못했을까? 그저 대통령이 충분히 훌륭하지 않았기 때문일까?

새 정부의 숙제는 문재인 정부 평가에 그 답이 있다

이 책은 한국 민주주의가 왜, 어떻게 실패하고 있는지 분석하고 해결 방안을 제시한다. 여러 민주주의 이론을 근거로, 특히 문재인 정부의 사례를 구체적으로 분석해 해결책을 찾는다. 윤석열 대통령이 새로 집권하는 이 시기에, 굳이 지난 정부를 애써 돌아보는 이유는 두 가지다.

첫째, 이 정부가 한국 민주주의가 가진 결함을 응축해서 드러냈다고 생각하기 때문이다. 20세기 후반부터 한국의 민주주의 담론은 민주화 세력 또는 진보 세력이 주도했다. 특히 1960~1970년대 재야 세력의 후계자라 할 86세대 지식인(정치인, 시민단체, 교수 등)이 담론 시장을 독점하다시피 했다. 문재인 정부는 이들이 권력의 핵심을 온전하게 장악했던 첫 정부다.

둘째, 경제 사정 때문이다. 2020년대 우리는 심상치 않은 상황에 내몰리고 있다. 사실 내가 한국의 민주주의에 관해 책을 써야겠다고 생각한 것은 매디슨 프로젝트Maddison Project로 불리는 세계 각국의 경제성장 장기 시계열 자료를 본 것이 계기였다. 주요 7개국G7을 추려서 1인당 GDP를 살펴보는데, 두 가지가 눈에 확 띄었다. 하나는 일본과 이탈리아의 경제력이 우리나라보다 낮아졌다는 점이다. 다른 하나는 이 두 나라가 우리나라가 2010년대에 달성한 경제 수준(1인당 GDP 3만 달러)에서부터 상승을 멈추고 추락하기 시작했다는 점이다. 두 나라는 (심각한 경제 침체 전후) 부패, 기존 주류의 몰락, 포퓰리즘 확산 등을 겪었고, 민주주의가 고장 난 상황에서 경제 개혁의 타이밍을 놓쳤다. 나는 이 점이 문재인 대통령 시기 한국과 비슷하다고 생각했다.

문재인 정부에 대한 평가는 한국의 민주주의가 가진 결함에 관한 성찰이며, 동시에 그 민주주의가 경제에 어떤 영향을 미칠지 예측해 보는 분석이다.

민주주의는
경제를 담는 그릇이다

충분히 민주화된 사회에서 먹고사는 문제에 천착하기 바쁜 마당에, 한

가하게 웬 민주주의 타령이냐고 생각하는 사람이 있을 수 있다. 하지만 오늘날의 민주주의는 우리가 긴급하게 토론해야 할 주제이다. 먹고 사는 문제와 죽고 사는 문제에서 민주주의가 중요한 쟁점이 되고 있기 때문이다.

경제가 흐르는 물이라면 민주주의는 물을 담는 그릇이다. '경제'는 주어진 조건에서 생산을 최대화할 때 성장한다. '민주주의'는 공정한 제도를 만듦으로써 국민과 자원이라는 주어진 조건을 최대한 끌어낸다. 민주주의가 얼마나 효과적으로 작동하는지에 따라 비슷한 인구와 자연조건을 가진 나라 사이에서도 경제적 성과가 크게 달라진다.[1] 민주주의라는 그릇이 커야 국민과 자원이라는 잠재적 경제 역량을 실제 생산에 더 많이 이용할 수 있다. 민주주의 발전이 그릇의 크기를 키운다면, 민주주의 타락은 그릇에 금이 가게 만든다. 일본과 이탈리아 사례는 아무리 경제적 초강대국이라도 민주주의가 타락하면 끝을 알 수 없는 침체의 늪에 빠질 수밖에 없다는 사실을 보여준다.

나는 민주주의를 진단할 때 '타락'이라는 단어를 많이 사용할 것이다. 독자들이 이 단어에 주의를 기울여줬으면 한다. 타락은 사전적으로 "올바른 길에서 벗어나 잘못된 길로 들어섰다."라는 의미다. 그리고 영어 단어로 보면 generation에 de- 접두사를 붙인 의미, 즉 퇴보의 뜻으로도 쓰인다. 민주주의가 타락한다는 것은 국민이 주권을 오남용해 민주주의가 기능을 제대로 하지 못한다는 의미다. 21세기에 나타나는 대부분의 민주주의 변화는 쿠데타 같은 급격한 '파괴'가 아니라 국민의 선택으로 시나브로 이뤄지는 '타락'이다. (언론에서는 타락한 민주주의를 포퓰리즘이라고 표현하기도 한다.)

경제 제도가 발전한 선진국에서 시스템이 갑자기 붕괴하는 일은 드물다. 우리도 모르는 사이에 조금씩, 말 그대로 '시나브로' 제도가 기능을 잃는다. 이렇게 소리 없이 진행되는 위기의 배후에는 시민들이 눈치채지 못하는 민주주의 타락이 있다. 이런 변화는 당대에는 개혁으로 포장되기 때문에 한참 후에 과거를 돌아볼 때야 잘못됐다는 것을 깨닫는다.

나는 민주주의와 개혁을 5년 내내 강조했던 문재인 정부를 제대로 비판해야 10년, 20년 후에 뒤늦은 후회를 하지 않으리라 생각한다. 문재인 정부는 오랜 기간 겹겹이 쌓인 민주주의 문제를 압축해 드러냈고, 그런 만큼 무엇을 어떻게 고쳐야 하는지도 명확하게 보여줬다.

민주주의의 타락을
멈춰야 한다

현대 민주주의 이론에 큰 영향을 미친 그리스 역사학자 폴리비오스
Polybios는 민주정이 타락해 폭민정이 되면, 곧이어 군주정(장기 독재)이
도래한다고 주장했다. 폭민정은 폭민暴民이 주권을 가진다는 의미다.
'통치받는 국민'을 수탈하는 '통치하는 국민'을 폭민이라 부른다. 즉 국
민이 양극화된 진영으로 나뉘어, 50.1%로 승리한 국민을 위해 49.9%
로 패배한 국민을 정치적, 경제적으로 핍박하는 정부가 폭민정이다.

   이런 정부에서 경제와 안보가 온전할 리 없다. 나라가 극도로 불안정
해진다. 혼란에 지친 국민은 현재 상황을 해결해 줄 메시아를 기다리
게 된다. 이때 메시아를 자처한 지도자가 등장해 국민의 지지를 얻으
면, 그는 민주주의를 없애든지, 아니면 형식으로만 남겨둔 채 무력으로
질서를 재건한다. 그리고 군주로 국민 위에 군림한다. 국민은 군주로
인해 신민으로 강등되지만, 그럼에도 폭민의 지배보다는 낫다는 생각
을 가지게 된다. 근대 이후 역사를 보면 실제로 이런 상황이 종종 나타
났다. 1850년대 프랑스의 나폴레옹 3세, 1930~1940년대 독일의 히
틀러, 2000년대의 베네수엘라 차베스 그리고 2010년대의 필리핀 두
테르테가 다 비슷한 사례였다. 민주주의 타락은 경제를 심각한 위기로

내몰고, 심각한 위기는 국민이 독재자를 소환하도록 만든다.

저런 세계사적인 비극에 지금의 한국 사회를 빗대는 게 비약이라고 생각할지 모른다. 하지만, 20세기 민주주의를 대표하는 나라 미국에서 조차 트럼프라는 잠재적 독재자가 출현하는 형국이다. 트럼프는 미국 민주주의의 근간을 흔들었는데, 퇴임 후에도 지지율이 현직 대통령과 맞먹는다. 이탈리아에서는 껍데기만 바꾼 네오 파시스트 정당이 연립 정부에 참여했다. 프랑스 대통령 선거에서는 좌파, 우파, 중도파가 결선에서 뭉쳐야 가까스로 극우파 후보들을 막는 상황이 십수 년째 이어 진다. 폴리비오스가 말한, 민주정의 타락과 독재자의 등장이 먼 나라 이야기, 후진국 이야기가 아니다. 이 책은 문재인 정부 5년을 분석하 며, 새로운 대통령이 임기를 시작하는 지금의 한국에도 폭민정의 위험 이 눈앞에 닥쳤다는 점을 보여줄 것이다.

문재인 정부 이후 진보에 대해 어떤 막연한 불만과 의심을 두게 된 사 람들에게 이 책이 도움이 되었으면 한다. 환상이 깨어질 때 느끼는 괴 롭고 속절없는 마음이 커질수록, 이치에 맞지 아니한 망령된 생각에서 더 빨리 벗어날 수 있는 법이다. 망상에서 벗어나는 데는 환멸만큼 좋 은 약이 없다. 오랫동안 진보적 사회운동을 해왔던 나 역시 그러했다.

＊　＊　＊

　대통령제, 그것도 강한 행정부와 약한 입법부라는 조건의 대통령제에서는 새 대통령이 앞장서서 개혁을 진행해야 죽이든 밥이든 만들어진다. 나는 새 대통령이 무엇을 할 것인가보다 무엇을 하지 않을 것인가에, 이 권력을 어떻게 사용할 것인가보다 어떻게 통제받게 할 것인가에 고민을 집중했으면 한다. 역대 대통령들은 사악해서가 아니라 제왕적 권력을 의욕에 넘쳐 사용하다가 불행해졌다. 민주주의 타락도 대통령의 과욕과 무관하지 않다. 이 책의 분석과 대안이 대한민국의 불행을 멈추는 데 도움이 될 수 있기를 기대해 본다.

2022년 3월 청주에서

목차

1장

촛불에서 드러난
불길한 징조

> 뭐든지 처음이 어렵지 그다음은 쉽다. 대통령 탄핵도 마찬가지다. 탄
> 핵의 일상화를 경계하려면 박근혜 탄핵 촛불집회와 '촛불정부'를 자
> 처한 문재인 정부를 냉정하게 살펴볼 필요가 있다. 과연 촛불이 내세
> 웠던 국민 주권에 관한 생각들이 이 시대에 적합한 민주주의 원리였
> 을까? 더욱 심화한 정치적 양극화와 전혀 개선되지 않은 대통령의
> 제왕적 권력을 우리는 어떻게 바라봐야 하는가?

흔하게 사용하는 말이 곰곰이 생각하면 모호할 때가 있다. 예로 "나중에 술 한잔하자."라는 말을 보자. 나중은 언제인지, 주종은 무엇인지, 한잔은 몇 밀리리터인지, 의문이 꼬리를 문다. 물론 일상에서는 이런 모호함이 크게 문제가 되지 않는다. 오히려 꼬치꼬치 캐물으면 실례다. 지금 바쁘니 나중에 보자는 의미로 적당히 이해하고 넘어가는 게 서로에게 좋다.

그러나 권력이나 손익에 관련된 언어는 모호해서는 안 된다. 스마트폰을 개통할 때 서명하는 각종 약관을 생각해보면 이해가 쉬울 것이다. 수백만의 사용자가 제기할 수 있는 여러 문제의 책임 소재를 분명

하게 정해 놓다 보니, 통신사 약관에는 별별 소소한 내용까지 빼곡히 적혀 있다. 어이없는 사례도 있다. 외국의 한 다리미 회사가 소비자에게 손해배상 소송을 당했다. 소비자가 바지를 입은 채 다리미질을 해서 화상을 입었는데, 사용설명서에 이와 관련한 주의가 없었기 때문에 배상해 달라는 것이었다. '세상에 이런 일이' 수준의 에피소드이지만, 이 사건 이후 그 다리미 설명서에는 "바지를 입고 다림질하지 마시오!"라는 주의 표시가 들어갔다.

민주주의는 어떨까? 민주주의는 정부government의 구성 원리다. 여기서 정부란 행정부administration에 국한되지 않고 입법과 사법까지 포함하는 의미다. 민주주의는 군대와 경찰 같은 절대적 폭력부터, 소유권과 시장 거래 같은 경제 규칙까지, 국가 내에서 가장 넓은 범위의 권력과 손익을 다룬다. 이런 의미에서 민주주의는 통신사 약관이나 다리미 사용설명서보다 훨씬 명확한 언어로 정의되어야 마땅하다. 시민들이 민주주의를 두고 싸우기 시작하면, 민사 소송은 비교도 할 수 없을 만큼 큰 비용을 치러야 하니 말이다. 19세기부터 20세기까지 수많은 혁명, 쿠데타, 내전이 진정한 민주주의를 명분으로 내걸고 발발했다.

민주주의가 제대로 작동하려면
규범이 필요하다

민주주의의 약관 또는 사용설명서에 해당하는 것은 아마도 헌법일 것이다. 모든 국가는 헌법에서 정부의 성격을 정의한다. 우리나라 헌법 제1조에는 "대한민국은 민주공화국이다. 주권은 국민에게 있으며, 모든 권력은 국민으로부터 나온다."라고 적혀 있다. 그런데 이 조문은 틀린 말은 아니지만, 너무 당연해서 하나 마나 한 말이기도 하다. 근대 이전부터 모든 권력 또는 최고 권력을 주권이라 불렀고, 주권이 국민에게 있는 정부를 민주주의라 불렀기 때문이다. 헌법은 모든 권력이 무엇인지, 그 권력을 국민이 가진다는 의미가 무엇인지 정확하게 규정하지 않는다.

그렇다면 헌법을 스마트폰 통신사 약관처럼 만들어 보면 어떨까? 역사적으로 보면 이런 접근법도 대안이 되지는 못했다. 프랑스에서는 그 유명한 인권선언을 전문으로 한 헌법을 가지고도 19세기 내내 혁명과 반혁명의 아수라장이 펼쳐졌다. 제1차 세계대전 이후 세계에서 가장 진보적이고 현대적인 헌법을 만들었다 평가받는 독일에서도 20세기 최악의 비극 중 하나였던 나치 독재가 나타났다. 한국도 사정은 비슷했다. 1948년에 제정된 헌법은 지금 봐도 훌륭하다는 평가를 받는다. 하지만 이승만부터 전두환까지 40여 년의 독재를 막지는 못했다. 미국의 한 정치학자는 트럼프가 대통령에 당선된 후에 "미국의 헌법 속에는 민주주의 붕괴를 막아낼 특별한 장치가 없다."라며 개탄했다고 한다. 헌법이 중요하지 않은 건 아니지만, 민주주의가 그것만으로 제대로 작동하지는 않는다. 인간이 만든 최상위 규칙인 헌법조차 한계가 있다면, 대체 무엇이 더 필요할까?

스티븐 레비츠키·대니얼 지블랫은 《어떻게 민주주의는 무너지는 가》에서, 민주주의는 구성원들이 무엇이 바람직한 행동인지 이해해야만 제대로 작동할 수 있다고 지적한다. 법을 만들고 집행하는 전문가들은 100가지 법을 만들어도 200가지 편법 수단을 찾아낼 수 있다. 정치인과 정부 관료들이 스스로 자제하고 노력하지 않으면, 또한 국민이 민주주의의 취지를 잘 이해하여 편법을 일삼는 정치인들을 심판하지 않으면, 민주주의를 지키는 법은 부지불식간에 힘을 잃는다. 민주주의는 법을 초과하는 규범이 있어야만 제대로 작동한다.

세계에서 가장 오랫동안 입헌 정부가 단절 없이 이어진 나라인 영국의 사례를 보자. 우선 영국에는 정리된 헌법이 없다. 영국 헌법은 13세기 초 의회 설치를 정한 마그나 카르타Magna Carta를 시작으로, 17세기 말 왕권을 제한하고 의회의 권한을 정리한 권리장전Bill of Rights, 수백 년에 걸쳐 내려진 중요한 역사적 판례들 그리고 누구나 인정하는 정부에 관한 상식들로 구성되어 있다. 헌법전憲法典이 없어 대법원이 위헌 여부를 판결하기도 어렵다. 그렇지만 영국에서는 민주주의를 명분으로 혁명이 발발하거나, 편법을 사용해 독재를 자행한 지도자가 없었다. 영국의 민주주의는 헌법의 글자 수가 아니라, 시민들이 오랜 기간에 걸쳐 만들어 온 규범으로 작동된다.

규범은 상호 신뢰에 기초해 자발적으로 지켜지는 규칙이다. 위반하면 처벌과 배상이 부과되는 강제 규칙, 즉 법과는 다르다. 예로 자동차 운전을 생각해보자. 빨간불에는 서고, 반대편 차선은 침범하지 않고, 최고 속도 이하로 액셀을 밟고 등등…. 이런 법규를 어기면 과태료를 문다. 그런데 법규만 지킨다고 사고를 피하는 건 아니다. 현재 교통 상황에서 어느 정도의 속도로 갈지, 전후좌우 차들의 위치를 고려해 언제 차선을 바꿀지 등을 잘 판단해야 한다. 이때 중요한 것은 내 주변 차들도 나와 비슷하게 판단해야 한다는 점이다. 운전 규범에 익숙하지 않은 초보운전자가 옆 차선에서 내 차를 고려하지 않고 깜빡이등만 켜고 느릿느릿 차선을 바꾸는 상황을 상상해보자. 운전 규범이 어떤 역할을 하는지 이해될 것이다. 민주주의 규범도 이와 다르지 않다.

2019년 한국의 선거법 개정은 규범 없는 민주주의가 얼마나 쉽게 위기에 처할 수 있는지 보여준 대표적 사례였다. 여당은 제1야당의 동의도 받지 않고 완력을 사용해 선거법 개정안을 국회에서 통과시켰다. 불법은 아니었다. 하지만 1987년 이후 누구나 지켰던 국회의 규범은, 선거법만은 반드시 여야 동의로 처리한다는 것이었다. 선거법 개정은 선거 결과에 대한 승복 여부와 직접 연결되기 때문이다. 선거가 훼손되면 민주주의도 존립할 수 없다. 2019년의 선거법 개정은 위헌은 아니었지만, 대의 민주주의를 정한 헌법의 정신은 위반한 것이었다.

현실 정치에 헌법이 영향을 미치지 못할 때 그 헌법을 장식裝飾 헌법이라 부른다. 장식은 멋져 보이면 그만이지, 실제 어떤 기능을 할 필요가 없다. 규범 없는 민주주의는 헌법을 장식으로 만든다. 한국의 민주주의가 어쩌다 이렇게 되었을까? 민주주의로 전국이 들썩였던 가장 최근의 사례로부터 답을 찾아보자.

사실은 특별하지 않았던 국정농단

2017년 3월 헌법재판소는 재판관 전원 일치로 박근혜 대통령을 파면했다. 이유는 "법 위배 행위가 헌법 질서에 미치는 영향과 파급효과가 중대하므로, 피청구인[대통령]을 파면함으로써 얻는 헌법 수호의 이익이 압도적으로 크다."라는 것이었다. 파면 이후 박근혜는 뇌물수수, 직권남용 등의 혐의가 유죄로 인정돼 징역 20년을 선고받았다. 재판부는 유죄의 이유를 "헌법상 부여된 책무를 방기하고 국민으로부터 부여받은 지위와 권한을 사인에게 나누어 준(박근혜)" 점과, "이를 이용해 국정을 농단, 사익을 추구한(최순실)" 점으로 들었다.

그런데 따져보면, 대통령 측근이 권력을 멋대로 사용한 것은 하루 이틀 일이 아니다. 이명박 대통령과 노무현 대통령은 형이, 김대중 대통령과 김영삼 대통령은 아들이 뇌물을 받고 구속됐다. 이들은 대통령의 권한을 가족이라는 이유로 나누어 받아 사익 추구에 썼다. 군부 독재 시절이야 더 말할 나위가 없다. 사돈에 팔촌까지 대통령과 한 가닥 연줄만 있어도 떵떵거리며 이권을 챙겼다. 이렇게 볼 때 박근혜와 최순실의 사례가 대단히 특별했다고 볼 수는 없다. 그렇다면 왜 박 전 대통령만 유독 파면이라는 처벌을 받았을까?

박근혜의 경우 과거의 권력 남용 사례보다 대중의 분노를 더욱 세게 자극했던 점이 있었다. 바로 그의 친구 최순실이었다. 그는 '그럴 수 있는 사람들'로 공개되어 있던 이전 대통령들의 가족과 달리, 철저하게 베일에 싸여 있던 사람이다. 시쳇말로 '듣보잡'이었다. 이런 사람이 대통령 머리 꼭대기 위에 있었다는 사실이 폭로되자 대통령 지지층마저 등을 돌렸다. 대통령 지지율은 국회 탄핵 소추 직전 5% 남짓까지 추락했다. 이 정도로 지지율이 낮아지면 탄핵당하지 않더라도 행정부를 운영할 수 없다. 탄핵은 대통령의 권력 남용이 이전 대통령들보다 더 극악무도해서가 아니라, 직무를 수행할 수 없는 대통령을 법적으로 처리한 것에 가까웠다.

그런데 여기서 두 가지 질문이 제기된다. 첫째, 대통령의 권력 남용이 고질병인 이유에 관해서다. 대통령 측근과 가족이 청탁을 받고 이권에 개입할 수 있는 것은 대통령 권력이 주변에서도 나누어 가질 만큼 크기 때문일 것이다. 왜 문민화 이후 30년이 지났는데도 이 문제가 전혀 개선되지 않을까? 둘째, 대중의 분노에 관해서다. 다수의 분노가 항상 정당한 건 아니다. 인종청소 같은 극단적 폭력도 대중의 민족적 분노가 응집했을 때 나타난다. 대중의 분노는 그것이 자유나 평화 같은 보편적 가치를 높였을 때만 긍정적으로 평가받을 수 있다. 그러면, 박근혜 탄핵 전후의 분노는 어떻게 평가할 수 있을까?

저항권의 정당성은
결과로 평가받는다

박근혜 탄핵 촛불 시위는 1987년 이후 최대 규모였다. 2016년 10월 29일 집회를 시작으로 헌법재판소 결정 다음 날인 2017년 3월 10일까지 연인원 1,700만 명이 참가했다('박근혜퇴진비상시국행동' 추산). "헌법 제1조" 노래가 울려 퍼지며, "주권자가 명령한다. 박근혜는 퇴진하라!"라는 구호가 여기저기서 외쳐졌다. 집회는 당연히 박근혜 대통령을 끌어내리는 것이 목표였다.

근대 민주주의의 설계자 중 한 사람인 존 로크John Locke는《정부론》에서 인민이 저항권을 가진다고 주장했다. 그에 따르면 정부는 인민의 자유를 보호하고 사회적 결속을 유지하기 위해 존재한다. 그래서 정부가 이 두 가지 역할을 제대로 하지 못하면, 그 정부는 사실상 내부로부터 해체된 것과 다름없다. 이때 인민은 다음과 같은 권리를 갖는다.

"자신들의 안전과 행복을 위해 가장 좋다고 생각하는 바에 따라 … 〔인민은〕 전과 다른 새로운 입법부를 창립하는 것으로 스스로 대비할 자유가 있다. 사회가 다른 사람의 과오로 인해 그 자체로 보호되어야 할 권리를 잃어버릴 수는 없기 때문이다. 사회는 오직 확립된 입법부에 의해 그리고 입법부가 제정한 법의 공정하고 치우치지 않는 집행에 의해서만 보호될 수 있다."[2]

로크의 저항권은 헌법이나 법률을 넘어선다. 정부가 제 기능을 하지 못하면 인민은 자신의 자유를 보장받기 위해 정부를 새로 구성할 수 있다. 자유가 자연법의 영역이니, 저항권도 자연법의 영역이다. 다만 여기에는 한 가지 쟁점이 있다. 정부가 해체됐다는 걸 누가 판단할 수 있느냐다. 만약 폭압적 독재가 유지되면 인민은 자유롭게 의사를 표현할 수 없다. 집단적 판단을 내릴 수 없다는 것이다. 로크는 이 딜레마를 오직 신만이 진실을 안다고 얼버무렸다. 왕과 신이 건재했던 17세기 말의 한계였을 것이다.

하지만 오늘날 시민은 왕이나 신에게서 독립해 있다. 우리는 저항권에 관한 로크의 숨겨진 의도를 좀 더 정확하게 말할 수 있다. 우선 정부가 해체됐다는 판단은 인민이 기존 정부를 해체한 뒤에야 확인할 수 있다. 그러므로 저항권은 결과적으로 성공해야만 평가의 대상이 된다. 만약 정부를 해제하는 데 성공했다면 그다음 평가 기준은 자연법이다. 즉, 새로 구성된 정부가 이전보다 인민의 자유를 얼마나 더 제대로 보호하는지로 저항권의 정당성을 판단한다는 의미다.

요컨대 저항권의 정당성은 새 정부가 얼마나 더 민주주의에 부합하는지로 평가받는다. 여기서 착각하면 안 되는 사실이 하나 있다. 인민의 분노나 여론의 지지는 기준이 아니라는 점이다. 탄핵 전 박근혜지지율이 5%였다는 이유로, 혹은 집권 직후 문재인 대통령 지지율이 80%였다는 이유로, 박근혜 탄핵 촛불 집회의 정당성 여부를 따질 수는 없다. 로크의 기준에 따르면, 자유를 보장하는 더 나은 정부를 건설했는가로 정당성을 평가받아야 한다. 그렇다면 2016년의 촛불 집회는 과연 정당성을 보장받을 수 있을까?

탄핵 이후,
일 보 전진 이 보 후퇴

탄핵 이후 새 정부는 촛불정부를 자처했다. 실제로 촛불 시위를 이끌었던 시민단체 간부들이 대거 정부 고위직에 발탁됐다. 일부 언론이 '촛불 청구서'라고 비아냥거릴 정도로 촛불 집회에서 나온 요구가 정부 정책에 다수 반영되었다.

촛불 집회는 광화문에 100만 명 가까이 모였던 2016년 11월 12일부터 본격적으로 정세의 핵심 변수가 되었다. 당시 요구는 간단했다.

'즉각' 퇴진이었다. 박근혜 대통령이 강경하게 버티고 있었기 때문에 대중은 상당히 성난 상태였다. 이런 국면은 국회가 탄핵 소추를 의결한 12월 9일까지 이어졌다. 12월 중순부터 집회는 헌법재판소의 결정을 압박하면서, 동시에 '적폐청산'이라는 이름의 개혁 과제를 요구했다. 박근혜 정부의 정책과 고위 관료 모두가 오랫동안 쌓인 폐단이니, 이를 제대로 청산해야 진정한 박근혜 퇴진이 이뤄진다는 취지였다.

11월 초에 결성되어 집회를 주관했던 박근혜정권퇴진비상국민행동(약칭 퇴진행동)은 인적 청산의 핵심으로 대통령 권한을 대행하던 황교안 총리를 지목했다. 또한 시급하게 해결해야 할 과제로 세월호 진상 규명, 백남기 농민 살해 책임자 처벌, 국정교과서 중단, 언론 독립, 성과퇴출제 중단, 사드배치 중단 등을 요구했다. 2017년 3월 헌법재판소에서 파면 결정이 난 후에는 국민발안제와 국민소환제 도입을 통한 직접 민주주의 강화, 선거 연령 하향, 연동형 비례대표제, 결선 투표제 등의 선거 제도 변화도 요구했다.

그런데 헌법재판소의 판결문에 따르면 대통령이 파면된 이유는 국민으로부터 위임받은 권한을 사적 용도로 남용했기 때문이다. 퇴진행동이 강조한 적폐는 권한 남용의 결과일 수는 있겠지만, 원인이라 보기는 어려웠다. 헌법재판소 안창호 재판관은 보충 의견을 통해 권한 남용의 배경을 상세히 소개했다. 일부를 인용해 보겠다.

"나는 이른바 '제왕적 대통령제imperial presidency'로 비판되는 우리 헌법의 권력구조가 이러한 헌법과 법률 위반 행위를 가능하게 한 필요조건이라고 본다. 현행 헌법에 이르기까지 아홉 차례의 개헌이 있었다. 4·19혁명 직후 의원내각제 도입과 3·15 부정선거관련자 처벌을 위한 헌법개정을 제외한 나머지 헌법개정은 주로 대통령의 선출방식·임기·지위·권한 등과 관련해 이루어졌다. 그동안 우리 헌법이 채택한 대통령제는 대통령에게 정치권력을 집중시켰음에도 그 권력에 대한 견제장치가 미흡한 제왕적 대통령제로 평가된다.

현행 헌법은 1987년 6월 민주항쟁 이후 여야 합의로 개정된 것으로서 … 대통령직선제를 규정하여 대통령의 민주적 정당성을 강화하였으며, 대통령 임기를 5년 단임제로 하고 대통령의 국회해산권 등을 폐지하여 장기독재의 가능성을 차단하였다. … 그러나 이 사건 심판은 현행 헌법 아래에서도 정경유착과 같은 제왕적 대통령제의 폐해가 상존하고 있음을 확인하였다. … 1987년 대통령직선제 헌법개정으로 대통령 '권력형성'의 민주적 정당성 측면에서는 획기적인 변화가 있었지만, 대통령 '권력행사'의 민주적 정당성 측면에서는 과거 권위주의적 방식에서 크게 벗어나지 못하고 있다.

대통령에게 법률안제출권과 예산편성·제출권, 광범위한 행정입법권 등 그 권한이 집중되어 있지만, 이에 대한 효과적인 견제장치가 없거나 제대로 작동하지 않고 있다. … 제왕적 대통령의 지시나 말 한마디는 국가기관의 인적 구성이나 국가정책의 결정에서 절대적인 영향력을 발휘한다. … 따라서 현행 헌법의 대통령제는 대통령의 자의적 권력행사를 가능하게 하는 필요조건이 될 수 있다."³

판결문에 따르면 긴급행동의 요구는 핵심에서 한참 비켜난 것이었다. 국정농단 사태가 발생한 원인과 해결책에 대해서는 일언반구도 없었기 때문이다. 바닥에 기름이 흥건한 방에서 불이 났는데 기름이 새는 구멍은 찾지 않고, 누가 불씨를 방에 가져왔는지만 추궁하는 꼴이었다. 퇴진행동이 작성해 집회에서 외쳐진 적폐청산은 사람이든 정책이든 철저하게 박근혜 개인에게만 맞춰져 있었다.

심지어 적폐 청산의 목록에는 박근혜에게 호의적이었던 언론과 당시 여당(새누리당)까지 포함되어 있었다. 그러나 언론과 정당의 자유는 견해에 상관없이 보장되는 것이 민주주의의 원칙이다. 언론과 정당은 적폐로 청산할 수 있는 대상이 아니다. 공론장이나 선거에서 경쟁을 통해 영향력이 축소될 수 있을 뿐이다. 퇴진행동의 요구는 국정농단의 필요조건이었던 제왕적 대통령제의 개혁이 아니라, 국정농단을 일으킨 정치 세력을 일소해보겠다는 '진영' 논리에 가까웠다.

대통령 권력 남용의 원인을 제대로 지적하지 못한 한계는 다음 정부에서 나타났다. 대통령 권력의 범위와 강도를 평가한 박상훈은 《청와대 정부》에서 문재인 대통령의 청와대가 "예산과 인력의 규모는 물론, 영향력 등 눈에 보이는 측면에서 분명 전보다 더 강한 청와대"였다고 평가했다. 2018년 1월 기준으로 청와대 예산은 박근혜 시기보다 6% 늘었고, 주무 장관이 휴가인 상태에서 대통령 비서실 주도로 정책을 발표하는 사례도 있었다. 장관이 청와대 수석의 비서냐는 비아냥이 나올 정도였다.[4] 국정농단의 원인이 된 대통령의 과도한 권력이 축소되기는커녕 도리어 커진 것이다.

더군다나 진영 청산론으로 편향된 적폐청산 사업은 극단적 진영 갈등으로 번졌다. "적폐가 무엇이냐"라는 질문이 어느 순간부터 "적폐가 누구냐"라는 질문으로 바뀌었다. 질문이 바뀌자 촛불 집회에 참여했던 대통령의 열성 지지자들은 왜 적폐를 청산하려 했는지는 잊어버리고, 적폐를 발굴하기 위해 동분서주했다. 판사가 적폐로 찍힌 사람의 구속영장을 내주지 않으면 그 판사까지 적폐로 공격했다. 적폐청산에 앞장선 청와대의 힘은 당연히 더 강해졌다. 국민일보가 2020년 12월에 실시한 여론 조사에 따르면, 국민 70%가 지난 3년간 사회 갈등이 커졌다고 답했고 50% 가까이가 정치 양극화가 원인이라고 지적했다.[5] 2019년 가을에는 조국 법무부 장관 임명과 관련하여 사상 초유의 개혁/보수 간 집회 동원 경쟁까지 펼쳐질 정도였다.

저항권의 정당성이라는 관점에서 보면 촛불 집회는 좋은 점수를 주기 힘들 것 같다. 기존 정부를 해산하는 데 성공했지만, 더 나은 새 정부를 건설하는 데는 성공했다고 보기 어렵기 때문이다. 권력을 남용한 대통령을 탄핵한 게 일 보 전진이었다면, 더 강해진 대통령과 더 난폭해진 여론은 이 보 후퇴였다.

그렇다면 왜 퇴진행동과 촛불 집회에 참여한 시민들은 대통령의 권한 남용을 해결하는 데 이다지도 관심이 없었을까? 왜 촛불정부는 헌법재판소 판결문에도 나와 있는 국정농단의 근본 원인을 무시했을까? 나는 이 질문의 답을 프랑스혁명의 교훈에서 찾을 수 있다고 생각한다.

프랑스혁명이라는 함정에 빠진
한국의 민주화 역사

우리나라에서는 민주화를 이야기할 때 프랑스혁명이 강조된다. 한 세기에 걸쳐 이뤄진 혁명과 반혁명, 민중의 대중운동과 지배 계급의 탄압, 민주정과 군주정의 반복이 한국의 민주화 역사와 비슷하다고 생각해서였을 것이다. 민주화 세대로 불리는 86세대 정치인과 지식인들은 대학생 때 주로 프랑스 혁명사를 세미나했다. 학생운동에 참여했던 나의 1990년대 대학 생활을 떠올려 봐도, 영국혁명은 잘 몰라도 프랑스혁명은 연도까지 외웠던 기억이 난다. 그런데 과연 프랑스혁명이 우리가 참조해야 할 현대적 민주화의 대표 사례일까? 혹시 프랑스혁명을 상상했기 때문에 한국의 민주화가 어떤 함정에 빠진 것은 아닐까?

프랑스의 민주주의는 1789년 대혁명을 시작으로 제1공화정, 자코뱅 공포정치, 총재 정부, 나폴레옹 제1제정, 왕정복고, 제2공화정, 나폴레옹 3세 제2제정 그리고 1870년 제3공화정을 거쳐 안정화됐다. 혁명과 반혁명이 거의 100년 동안 반복됐고, 유럽에 존재하는 거의 모든 성향의 정치 분파가 프랑스에서 첨예하게 투쟁했다. 그런데 프랑스보다 한 세기 전에 민주주의 여정을 시작한 영국에서는 프랑스의 혼란에 대해 비판적 여론이 많았다. 프랑스혁명을 싫어하는 정도에 따라 영국

식 좌·우파가 형성될 정도였다. 이유가 무엇이었을까? 프랑스혁명의
이념적 토대를 제공한 장 자크 루소Jean Jacques Rousseau로부터 그 원인을
찾아보자.

　루소는 정부의 기원을 '일반의지general will'라는 개념으로 설명했다. 논
리는 이렇다. 사회 구성원이 정부를 인정한다는 것은 정부를 만들자는
계약을 체결했다는 의미이다. 사회계약이 명시적으로 존재하지는 않
지만, 계약의 존재는 정부로 증명된다. 그렇다면 계약은 도대체 어떤
내용인가? 구성원 모두가 암묵적으로 공유하는 어떤 의지, 바로 일반
의지이다.

　잘 이해가 안 된다면, 월세 50만 원으로 임대차 계약이 이뤄진 상황
을 상상해보자. 이 계약으로 임대인은 화폐가 주는 효용을, 임차인은
주택이 주는 효용을 얻는다. 그런데 이때 50만 원에 대해서는 그 가치
가 얼마냐고 서로 묻지 않는다. 왜냐면 계약이 체결됐다는 사실 자체가
50만 원의 가치에 대한 합의가 존재한다는 증명이기 때문이다. 50만
원의 가치가 얼마인지 따지기 시작하면 계약이 성립되지 못한다. 이렇
게 상업적 계약에서 돈과 같은 역할을 하는 것이 바로 사회계약의 일반
의지다.

그런데 시장 계약의 일반의지와 달리 루소의 일반의지는 실제로 도입되면 그 결함이 곧바로 드러난다. 최고 권력자가 자신의 의지를 일반의지라고 규정했을 때, 그것을 반증할 방법이 없기 때문이다. 이 점이 시장과 결정적으로 다르다. 시장 계약의 일반의지라 할 화폐는 상품의 가치를 제대로 표현하지 못하면 기능을 상실하고 퇴출된다. 하지만 사회계약의 일반의지는 최고 권력이기 때문에 폭력으로 타인의 동의를 얻어낼 수 있다. 프랑스혁명 이후 정부를 장악한 로베스피에르는 자신이 인민의 일반의지를 표현한다고 실제로 믿었다. 그리고 그 일반의지에 반하는 사람들을 단두대에서 처형했다. 일반의지와 독재의 의지는 현실에서 원리적으로 같을 수밖에 없었다.

일반의지에는 감정이 포함되어 있다는 점도 주목해야 한다. 특히 일반의지는 부정적 감정에 쉽게 휩싸인다. 왜냐면 사회가 공유하는 감정은 만족과 기쁨 같은 긍정적 감정보다 질투나 분노 같은 부정적 감정이 더 많기 때문이다. 이는 인간 감정의 속성이기도 하다. 만족과 기쁨이 주로 나에게서 기인하는 반면, 질투와 증오는 주로 타인에게서 기인한다.

그래서 근대 자유주의 사상의 대표라 할 애덤 스미스Adam Smith는 부정적 감정이 사회적으로 확대되는 것을 막는 수단으로 시장과 정부를 강조했다. '시장'은 경쟁을 통해 타인에 대한 질투를 공익으로 승화한다. '정부'는 타인에게 피해를 당해 생긴 분노를 공정한 처벌과 배상으로 가라앉힌다.[6] 질투와 분노를 이렇게 해결하지 않으면 모두가 남의 것을 빼앗고 사적으로 복수를 자행하는 '만인의 만인에 대한 투쟁'이 발생한다. 그러면 사회가 존속하기 어렵다. 그래서 스미스의 관점에서 사회계약은 시장과 정부의 효용에 관한 사회적 동의와 같다. 루소와 같은 일반의지는 필요치 않다.

그런데 루소의 논리처럼 정부가 감정을 가진 인격이 되면 어떤 일이 벌어질까? 정부가 가진 일반의지에 포함된 부정적 감정은 어떻게 해소될 수 있을까? 프랑스혁명은 이 질문에 대한 부정적 답변이었다. 로베스피에르는 공안위원회를 만들어 반동분자를 색출한 후 단두대에서 연일 목을 잘랐다. 그가 미친 게 아니었다. 반동분자 색출은 거리에서 프랑스혁명을 주도한 파리 서민들의 대중운동에서 나온 요구였다. 파리 서민의 분노가 일반의지의 감정이 되어 정부의 폭주로 나타났다.

자유민주주의의 대부인 영국의 존 스튜어트 밀John Stuart Mill은 민주주의가 가진 고유의 위험이 '다수의 전제정專制政'이라고 주장했다. 루소의 일반의지는 현실에서 '다수'의 선택으로 드러난다. 그런데 선택하는 다수, 즉 대중은 분노의 감정에 휩쓸리는 경우가 많다. 그리고 부정적 감정에 좌우되는 통치는 원한을 해소하는 복수, 비판 세력을 반동이나 적폐로 몰아 처단하는 독재로 귀결될 가능성이 크다. 프랑스혁명은 다수의 전제정이 얼마든지 가능하다는 증거였다.

　그는 다수의 전제정을 억제하기 위해 "의지의 자유가 아니라 사회적 자유, 바꿔 말하자면 개인에 대해 사회가 정당하게 행사할 수 있는 권력의 본질과 한계"[7]를 분명하게 정해둬야 한다고 주장했다. 개인의 자유는 누군가에게 손해를 끼치는 것이 아닌 한 최대한 보장되어야 한다. 그리고 이 자유의 원칙은 주권자도 손댈 수 없다.

　또한 밀은 직접 민주주의가 아니라 대의 민주주의가 원칙이라고 주장했다. 민주주의는 정부의 업무를 통제하는 것이지, 정부의 업무를 수행하는 건 아니다.[8] 사회가 커지고 고도화될수록 정부 업무에는 지식과 경험이 더 많이 필요해진다. 사람들의 다수결 선택이 그 지식과 경험을 대체할 수는 없다. 주권자의 역할은 정부가 시민의 자유를 침해하는 걸 방지하고, 정부 업무에 적합하지 않은 사람을 선거로 교체하는 것이다. 민주주의는 유권자가 정부의 책임성(자유의 수호)과 전문성(유능한 입법가와 행정가)을 잘 결합할 때 제대로 작동할 수 있다.

　이런 맥락에서 밀은 직접 민주주의에 반대했다. 단지 실무적으로 어려웠기 때문이 아니었다. 다수의 의견이나 여론이 정부 업무에 직접 영향을 미칠수록 다수가 전제정치를 감행할 가능성이 커진다고 생각해서였다.

밀은 대중이 가지는 통치 능력에 대해서도 신중한 태도를 보였다.[9] 대중이 소수 특권층의 이기적 지배를 견제할 수는 있지만, 동시에 무지의 지배로 편향될 수도 있다고 생각했기 때문이다. 그래서 밀은 사상과 언론의 자유를 반복해서 강조했다. 대중의 선택을 꺾을 수 없다면, 대중이 나쁜 선택을 하지 않을 조건을 만들어야 하기 때문이다. 언론과 사상의 자유는 정치적 다원주의를 활성화해 대중이 독재자 주변에 모이는 걸 억제한다. 대중이 알아야 할 사회에 관한 지식도 교육할 수 있다.

밀은 대중에게 필요한 지식과 규범을 시민적 덕성virtue이라 불렀다. 시민적 덕성은 시민 의식 또는 민도民度라고 부르기도 하는데, 앞서 우리가 살펴본 민주주의 규범과 같은 의미다.

이런 관점에서 볼 때 프랑스의 혼란은 민주주의 규범을 만드는 데 실패한 것이 원인이었다. 1789년 프랑스혁명으로 탄생한 공화국은 파리 서민의 지지를 받은 로베스피에르의 독재로 타락했다. 쿠데타에 성공한 나폴레옹은 국민투표로 압도적 지지를 얻은 뒤 황제에 올랐다.

나폴레옹이 축출된 후에는 공화국이 재건된 것이 아니라 왕정이 복구되었다. 1848년에 재차 혁명에 성공해 공화국을 다시 세웠으나, 대통령 선거에서는 군주정을 지향하던 나폴레옹 3세가 선출됐다. 그리고 3년 만에 공화국은 다시 문을 닫았다.

규범이 없는 민주주의는 이렇게 독재자의 폭력만이 아니라 대중의 선택에 의해서도 무너진다. 참고로 같은 기간 영국은 17세기 말 확립한 의회주권을 18세기 중엽 의원내각제로 완성한 뒤, 19세기 중반부터 선거 제도를 개혁해 현대적 민주주의를 안정적으로 건설했다.

한국의 민주화는 영국보다는 프랑스와 비슷했던 것 같다. 시민의 덕성에 맞추어 민주화를 차분하게 발전시킨 게 아니라, 뒤죽박죽 엎치락뒤치락 민주주의를 만들어 왔으니 말이다. 2016년의 촛불 집회는 이런 민주화의 한계를 단적으로 드러낸 사례였다.

집회에서 유행했던 "주권자의 명령이다."라는 구호는 루소의 일반의지와 사실 다르지 않았다. '적폐청산'은 공안위원회의 '반동 척결'을 우아하게 변형한 것이라고 볼 수 있다. 시민단체들과 민주당은 국민소환제 같은 직접 민주주의도 요구했는데, 한국 민주주의의 결함은 국민의 의사 표현이 부족한 것이 아니라, 대통령 권력이 구조적으로 과도하다는 점이었다. 하지만 이 문제는 촛불정부에서도 전혀 해결되지 않았다. 새 대통령에 대한 대중의 압도적 지지는 국정 농단의 구조적 문제를 해결하는 게 아니라, 새 집권 세력의 입지를 다지는 데 사용됐다. 마치 프랑스혁명에서 나폴레옹과 그의 사촌 나폴레옹 3세가 대중의 지지를 업고 황제로 등극했던 것처럼 말이다.

1장의 내용을 정리해보자. 민주주의는 규범, 즉 시민적 덕성이 있어야 제대로 작동한다. 하지만 한국 정치에는 민주주의 규범이 충분히 축적되지 못했다. 탄핵 촛불 집회는 대통령에 대한 분노만 가득했을 뿐, 민주주의 규범을 만드는 계기가 되지는 못했다. 더군다나 촛불정부를 자처하는 문재인 정부는 선거법 개정 관례를 간단하게 내팽개쳐 버릴 정도로 민주주의 규범에 무관심했다. 이런 퇴행은 한국의 민주화 운동이 가진 프랑스혁명의 편향이 드러난 것으로 볼 수 있다. 프랑스혁명에 비판적이었던 밀은 민주주의 고유의 위험으로 다수의 전제정을 경고하며 민주주의 규범의 중요성을 강조했다. 이는 한국 민주주의에도 시급한 과제다.

다수의 전제정이라는 위험이 한국에서도 빠르게 커지고 있다. 원인은 진보, 개혁, 민주화 세력 등으로 불리는 정치 세력이 가진 결함과 공백이다. 그들의 민주주의는 서부극에서 먼저 총을 뽑는 사람이 절대적으로 유리한 결투와 비슷하고, 평소에 다툼이 많던 이웃을 잠깐 어깨동무하도록 만드는 월드컵의 '대한민국~' 응원가와 비슷하다. 민주주의는 상대를 궁지로 모는 강력한 무기고, 주변 사람들을 매료시키는 주술이다. 다음 장에서 이 이야기를 해보자.

2장

대통령
잔혹사

한국 대통령은 '극한 직업'이다. 대한민국 설립 후 본인 또는 가족이 온전한 대통령이 한 명도 없다. 이 정도면 제도 자체에 근본적 결함이 있는 것이다. 사실 대통령제를 개혁해야 한다는 주장은 끊이지 않고 나왔다. 하지만 큰 변화는 없었다. 왜 한국의 대통령제는 개혁되지 못했을까? 아니, 질문을 바꿔보자. 질문이 잘못돼서 답이 나오지 않았는지도 모른다. 한국형 대통령제를 통해 누가 어떻게 이득을 얻고 있는 것일까? 대통령제를 기를 쓰고 유지하는 세력은 누구일까?

2015년까지 88고속도로라는 도로가 있었다. 광주와 대구를 잇는 그 도로는 악명이 높았다. 무엇보다 도로 상태가 엉망이었다. 왕복 2차선으로 매우 좁았고, 중앙분리대도 없었다. 바닥은 콘크리트를 제대로 다지지 않아 쩍쩍 갈라졌다. 교통사고 사망자 비율이 높아 '죽음의 도로'라고도 불렸다. 도대체 왜 이렇게 도로를 만들었을까? 정부가 정략적 목표를 우선한 탓이었다. 전두환은 광주 학살 이후 전라도 민심을 달래기 위해 졸속으로 고속도로 건설을 추진했다. 그러고는 175km 구간을 3년 만에 완공했다. 이 위험천만한 도로는 30년 가까이 운영되다가, 기존 도로를 새로 만들다시피 개선한 광주대구고속도로가 개통되고서야 사라졌다.

나는 한국의 대통령제가 저 고속도로와 비슷하다는 느낌을 받는다. 먼저, 대형 사고가 끊이지 않는다. 이승만 망명, 윤보선 하야, 박정희 피살, 전두환·노태우 구속, 김영삼·김대중 아들 구속, 노무현 자살, 이명박 구속, 박근혜 탄핵. 단 한 명의 대통령도 행복하게 퇴임한 사람이 없다. 행정부 수반 사고율이라는 통계가 있다면 한국의 대통령제는 세계에서 가장 위험한 정부 제도로 평가받을 것이다.

다음으로, 제도가 뒤죽박죽이라는 점에서 그렇다. 1948년 6월에 제헌의회에서 설계한 권력 구조는 의원내각제였다. 하지만 숙고도 없이 한 달 후인 7월에 대통령제를 골자로 한 헌법이 공포되었다. 그리고 4·19혁명 이후 의원내각제 정부가 출범했지만, 곧바로 군부 쿠데타로 대통령제로 되돌아갔다. 1987년 민주화 항쟁 이후에도 여러 차례 대통령제 개혁이 여야 간에 합의된 바 있다. 그런데 놀랍게도 독재자가 누리던 대통령 권한은 그대로 두었다. 새 술을 헌 부대에 담았으니 술이 본연의 맛을 낼 리 없었다. 개헌 이후 30년간 문민 대통령들은 자신 혹은 가족이 권력 남용과 비리로 처벌받았다.

대통령 잔혹사는 한국의 민주주의에 심각한 결함이 있다는 확실한 증거다. 한국 민주주의 골간이 헌법을 수호하는 책무를 대통령에게 부여하는 것이니 말이다. 그런데 왜 우리는 대통령제를 이다지도 손보지 않았을까? 독재 시절이야 그렇다 쳐도 왜 문민정부들조차, 도로는 그대로 두고 사고가 나면 운전자만 바꾸자는 식으로 30년을 이어왔을까? 이런 상태가 계속 이어진다면, 과연 탄핵 사태 이후의 대통령인들 온전할 수 있을까? 대통령들이 겪은 불행의 역사를 살펴보며 질문의 답을 찾아보자.

한국형 대통령제, 시작점부터 틀어진 궤도

제도와 관련된 역사를 살펴볼 때 주의할 것이 있다. 이전 제도가 현재 행동에 영향을 미치고, 현재 행동이 이후 제도를 설계할 때 영향을 미친다는 점이다. 컴퓨터 키보드에서 사용하는 영문 자판 배열이 대표적 사례다. 쿼티QWERTY로 불리는 자판 배열은 수동 타자기 시절에 만들어졌다. 자판을 너무 빨리 쳐 쇠뭉치가 엉키는 걸 방지하려고 일부러 비효율적으로 자판을 배열했다. 그런데 이 자판 배열은 그럴 필요가 없는 컴퓨터 키보드에서도 현재까지 사용된다. 이유가 뭘까? 사용자들이 쿼티 자판으로 타자를 배웠기 때문이다. 다른 이유는 없다. 타자기를 썼던 사람들이 컴퓨터 자판으로 쿼티를 요구했고, 쿼티로 키보드가 생산되니 컴퓨터를 처음 배우는 사람들이 쿼티에 익숙해졌다. 이렇게 초기에 성립된 제도가 이후 변화에도 큰 영향을 미치는 현상을 경로 의존성이라 부른다.

민주주의와 관련한 제도들은 경로 의존성이 특히 강하다. 여론이 민주주의에서 중요한 역할을 하기 때문이다. 대중의 선호는 이전 제도와 관습에 영향을 많이 받는다. 익숙한 제도가 웬만하면 그대로 이어진다. 한국의 대통령제 또한 경로 의존성을 빼고 설명할 수 없다. 경로가 만들어진 그 시작점을 잘 살펴봐야 한다.

한국형 대통령제의 시작은 이승만이었다. 그는 제헌의회에서 제출한 의원내각제 헌법 초안을 한 달 만에 대통령제로 바꾼 주역이었다. 1948년 제헌의회는 논의를 통해 정부 형태로 의원내각제를 제출했다. 선진국 대부분이 채택했던 근대 공화정의 글로벌 스탠다드가 의원내각제였다. 그런데 이런 사정을 모를 리 없는 이승만은 전혀 다른 이야기를 했다. 그는 미국식 대통령제를 따르는 것만이 진정한 민주주의며, 의원내각제는 민주주의도 아니고 정쟁만 부추긴다고 주장했다. 대통령제가 채택되지 않으면 자신은 대중을 동원해 제도권 밖에서 민주주의를 요구하겠다고 으름장도 놨다. 하지만 그의 주장은 오늘날 식으로 말하자면 '가짜 뉴스'였다.

의원내각제는 국회에서 다수를 차지한 정당 또는 연합이 입법과 행정을 함께 책임진다. 그래서 입법과 행정의 통일성이 높다. 법률을 정비하며 동시에 행정부도 새로 꾸려야 했던 당시 한국 사정에 적합했다. 반면 대통령제는 행정부 수장과 입법부 대표들을 국민이 따로 뽑기 때문에, 둘 사이에 누가 진정한 국민의 대표인지를 두고 다툼이 일어날 가능성이 컸다.[10] 입법부와 행정부를 운영해본 경험이 없는 한국 시민에게는 위험할 수 있었다. 당시 상황을 봐도 실제로 그랬다. 이승만은 정당 무용론을 펴며 국회를 무시했고, 한국전쟁 와중에도 국회와 권력 경쟁을 벌였다.

미국식 대통령제에 대한 이승만의 주장도 오류가 많았다. 미국의 대통령제는 매우 예외적인 정부제도다. 연방제라는 지방 분권적 권력 구조에서, 더군다나 막강한 연방의회와 탄탄한 정당 정치를 배경으로 하는 대통령제여서 그렇다. 의회를 견제하기 위해 대통령을 만들었다는 평가가 있을 정도다. 국민의 자유를 보호하는 자유주의 원칙도 분명했다. 단순히 대통령만 선거로 뽑는다고 따라 할 수 있는 정부가 아니었다. 비교해보면 이승만의 대통령제는 미국의 그것과 너무나 달랐다. 그는 대통령 재임 내내 분권은 고사하고 국회도 무시했다. 정당은 대통령의 지시를 따르는 도구로 활용했을 뿐이다. 심지어 그는 자신이 국권이며, 그 국권을 지키기 위해서는 개인의 자유도 제한할 수 있다고 주장했다.

잠깐 여기서 흥미로운 사실 하나를 지적하고 넘어가겠다. 위와 같은 이승만식 왜곡이 21세기에도 여전히 영향을 미치고 있다는 점이다. 입법부에 대한 무시와 편견이 그렇다. 사람들은 보통 국회의 정쟁은 비난 대상으로, 대통령의 독선은 추진력으로 평가하곤 한다. 한국의 국회의원 숫자는 국민당 비율로 보면 OECD 평균의 절반에 불과한데도 대선 후보 중에 국회의원 축소를 공약하는 사람이 꼭 나온다. 미국식 대통령제에 대한 오해도 마찬가지다. 개헌에 관해 여론을 조사하면, 미국 같은 4년 중임제가 가장 많은 지지를 받는다. 그런데 4년 중임제는 미국처럼 대통령 권력이 충분하게 의회에서 견제될 수 있을 때나 효과가 있는 것이다. 강한 대통령, 약한 국회라는 조건에서는 부작용이 더 클 수도 있다. 시민들은 이승만이 그랬던 것처럼 미국의 상·하원과 정당이 가진 역량에는 그다지 관심을 두지 않는 것 같다. 대통령제에 관한 생각은 컴퓨터 영문 자판의 쿼티 배열처럼 시간이 지나도 변하지 않았다.

이승만은 임기 내내 부정선거와 입법부 무력화를 시도했다. 1952년에는 대통령과 부통령을 직선으로 뽑는 개헌을 위헌적 방법으로, 심지어 경찰까지 국회에 난입시켜 통과시켰고, 1954년에는 대통령 중임 제한을 없애는 개헌안을 '사사오입四捨五入(반올림)'이라는 기상천외한 논리로 통과시켰다. 1960년 3월에는 무법천지의 관권 선거도 벌였다. 그런데 이때 그의 나이가 85세였다. 1960년대 남자 기대 수명이 54세 정도였으니, 오늘날 수명에 비추어 보면 100세 이상의 느낌이라 하겠다. 여기서 질문이 하나 나온다. 왜 이승만은 이렇게까지 대통령 자리에 오랫동안 집착했을까? 그러면서도 왜 다른 나라 독재자처럼 아예 보통선거를 폐지하지는 않았을까?

이승만이 80세 넘어까지 대통령 자리에 집착했던 건 다음과 같은 후견주의 특성 때문이었다. 이승만은 정부 고위직을 자신과 인연이 있는 사람들로 채웠다. 경찰은 이승만과의 사적 관계에 따라 뒤를 봐줬다. 일본이 남기고 간 재산과 미국 원조품의 분배도 이승만과 얼마나 가까운지에 따라 결정됐다. 심지어 국회 여당도 이승만을 따르는 개인들의 집단에 불과했다. 이승만은 이권공동체의 중심이었고, 동시에 집권 세력 네트워크의 허브였다. 그런데 허브가 없으면 네트워크는 유지되지 못한다. 이권공동체는 중심이 없으면 자기들끼리 이권을 두고 싸워야 한다. 이런 식으로 이승만의 임기는 기득권 세력 전체의 사활과 직결되었다. 이승만이 85세에도 집권에 도전했던 건 단지 그의 의지만이 아니었다. 지지자들의 의지기도 했다.

독재의 도구로 동원되는 여론

이쯤에서 이 모든 사태의 출발지로 돌아가 보자. 이승만은 어떻게 정부의 중심에 설 수 있었을까? 이 질문은 이승만이 흔한 독재자들처럼 친위 쿠데타를 하는 방식이 아니라 선거를 통해 장기 집권을 도모한 이유와도 관계가 있다.

1장에서 말했던 황야의 결투에서 쓰이는 총 같은 민주주의, 한일전 응원가 같은 민주주의는 이승만이 원조였다. 그는 민주주의의 의미를 제 이익에 맞도록 자유자재로 사용할 줄 아는 정치인이었다. 예로 그가 배후에서 조종한 족청(조선민족청년단)은 1951~1952년 대통령 직선제 개헌 여부로 여야가 첨예하게 대립할 때, "주권은 국회가 아니라 국민에게 있다", "대통령 직선은 국민의 권리다"라고 외치며 대중 시위를 조직했다.[11] 하지만 대통령 직선제만이 주권이 실현되는 방법은 아니었다. 당시 국민이 뽑은 국회의원 다수는 의원내각제를 지지하고 있었다. 당시 대립은 국민 주권의 여부가 아니라, 국민 주권을 잘 실현하는 방법에 관한 것이었다. 하지만 이승만은 '민주주의'라는 말로 대중을 기만하며 여론을 자신에게 유리하게 만들었다.

이승만에게 선거는 자신의 독재를 이어가는 중요한 수단이었다. 이승만의 다음 발언을 보자. "민주국가에서는 그 나라도 민중이 만든 것이고 헌법도 민중이 만든 것이니 민중이 원하기만 하면 헌법이나 정부나 국회나 무엇이든지 고칠 수 있다."[12] 과연 맞는 말일까? 아니다. 그의 주장은 자유민주주의를 부정하는 것이다. 그의 말대로라면 민중 다수가 독재를 원하거나 누군가의 자유를 박탈해도 문제가 없다. 이승만의 민주주의관은 실은 존 스튜어트 밀이 이야기했던 '다수의 전제정'에 불과했다.

미디어를 이용한 대중 선동도 이승만의 주장이 대중에게 수용되는데 중요한 역할을 했다. 그는 해방 전부터 라디오 연설로 미국과 식민지 조선에서 이름을 날렸다. 해방 이후에도 계기만 있으면 대중집회 연설과 라디오 방송을 통해 국민에게 직접 메시지를 전달하곤 했다. 그의 선동은 위력이 대단했다. 예로 1946년 정읍 연설은 반탁운동과 단정 수립의 분기점이었다. 그가 라디오에서 연설할 때마다 정국이 요동쳤다. 제대로 된 군대도 없었고, 정치권도 사분오열된 한국에서는 대중 선동으로 얻는 국민 지지만큼 강력한 것이 없었다. 여론이 지배하는 선거는 이승만에게 독재를 위한 최고의 도구였다.

그런데 이승만 같은 민주주의관은 21세기에도 낯설지 않다. 오늘날 포퓰리즘으로 불리는 정치 성향과 공유하는 바가 많아서다. 참고로 포퓰리즘은 민주주의를 다수 여론의 지배로 이해하며, 정치적 경쟁보다 정적의 청산을, 합리적 제도보다 대중의 열광을, 집단적 숙의보다 영웅적 결단을 선호하는 정치 성향을 지칭한다. 개인적 자유, 개성을 키우는 다원주의, 과학에 근거한 제도, 전문가 존중 같은 자유민주주의의 원리와 상극이다. 포퓰리즘은 개인과 이성이라는 인간 고유의 속성보다 집단과 두려움이라는 동물적 속성을 이용한다. 이승만은 한국형 대통령제의 출발점이면서 동시에 포퓰리즘 정치의 선구자였다.

1장에서 봤던 박근혜 퇴진 촛불집회 구호를 떠올려보자. 놀랍게도 1950년대 이승만이 외쳤던 구호와 크게 다르지 않다. 21세기의 한국 정치인들은 여전히 이승만이 했던 말처럼, 대중이 원하는 걸 실현하는 게 국민 주권의 원리라고 이야기한다. 특히 진보 또는 민주화 세력을 자처하는 집단이 더욱 그렇다. 또한 이들은 이승만처럼 민주주의와 여론을 명분으로 정적을 '청산'하려 한다. 미디어 활용도 그때와 비슷하다. 미디어는 합리적 토론이 아니라 대중을 흥분시키는 용도로 사용된다. 광우병 괴담, 세월호 참사 당시 박근혜 7시간 등이 대표적 사례였다. 촛불정부에서는 '쇼통'이라는 비아냥이 나올 정도로 행사 연출가들이 청와대에서 중요한 역할을 했다. 이승만을 증오하는 민주화 세력이 의외로 이승만과 닮았다.

정경유착이라는 기관차

이승만이 후세에 남긴 또 다른 부정적 유산은 정경유착이다. 정경유착은 적산불하로 시작되었다. 적산敵産은 미군정이 몰수한 일본 정부와 일본인의 재산을 지칭한다. 가옥부터 기업까지 다양했다. 1945년 8월 기준으로 남북한에서 처분 가능한 모든 재산(국가자산)의 80%를 차지할 정도로 규모도 컸다.[13] 이승만 정부는 출범과 동시에 미군정에서 이전받은 적산을 민간에 유상으로 매각했다. 일종의 대규모 민영화라 할 수 있었는데, 국가자산의 80%를 민간에 넘긴 것이니 인류 역사에서 가장 큰 규모였을 것이다.

단기간에 이뤄진 이승만의 적산 민영화 정책은 심각한 부정부패를 동반했다. 1949년에 제정된 귀속재산처리법은 "선량하고 능력이 있는 연고자와 종업원 그리고 농지개혁으로 농지를 매수당한 지주"에게 귀속재산(적산)을 우선 매각하도록 규정했다. 매각 대금은 15년간 나눠서 낼 수 있도록 배려했다. 그런데 이 법은 처음부터 끝까지 문제투성이였다. 선량하고 능력 있는 자를 어떻게 선정할까? 또 매각 가격은 얼마로 책정해야 공정할까? 1940~1950년대 한국에 답이 있을 리 없었다. 뇌물을 바치는 사람이 선량한 연고자가 됐고, 매각 가격은 뇌물의 크기에 비례해 할인됐다. 더군다나 1948년 이후 15년간 소비자 물가가 240배나 상승했다. 15년 분할 납입은 공짜로 가져가라는 이야기와 다르지 않았다. 실질 가격이 공짜이니 그걸 차지하려면 무엇이 필요했겠는가? 당연히 뇌물이다.

이런 적산불하는 재벌형성의 기원이 되었다. 예로 SK그룹은 선경직물을, 한화그룹은 한국화약을, 쌍용그룹은 금성방직을, 애경그룹은 애경유지를 적산으로 불하받아 성장한 재벌이다.[14] 1950년대 500대 기업 중 60%가 적산에 기원을 둔 기업이었다. 이들이 수많은 인수합병을 거쳐 오늘날의 재벌이 되었다.

적산불하로 시작된 이승만 정부의 정경유착은 원조물자 배분에서 정점을 찍었다. 미국의 원조는 이승만 정부에서 가장 적을 때조차 GDP의 10%에 달했다. 많을 때는 20%가 넘었다. 이렇게 많은 원조물자는 어떻게 배분됐을까? 구구절절한 설명보다 삼성의 사례로 이해해보자.

1953년 이병철은 미국 원조자금 18만 달러를 특별 대부로 받았다. 그는 그 돈으로 제당 설비를 일본에서 수입해 제일제당을 설립했다. 미국의 무상 원조품 중 하나가 바로 원당原糖이었는데, 이것을 쉽게 가공해 설탕으로 판매했다. 당시 제일제당 설탕은 외제 설탕과 비교해 가격이 쌌다. 삼성은 사업 반년 만에 국내 시장을 장악했다. 이병철은 다음 해인 1954년에 제일모직을 설립했다. 미국 국제협조처ICA 자금으로 독일에서 설비를 구매한 뒤 무상 원조품인 원모原毛를 이용해 면직물을 생산했다.[15] 정경유착의 백미는 은행 인수였다. 삼성은 1957년에 민영화된 5개 은행 중 4개를 가져갔다. 당시는 사채 금리가 50~100%에 달했던 시기였다. 은행을 소유한다는 것은 그 자체로 엄청난 혜택이었다. 이렇게 미국 원조에 이어 국내 자금까지 독점한 삼성은 주변 기업들을 닥치는 대로 인수·합병했고, 1960년까지 계열사를 19개로 늘렸다.

강한 대통령과 약한 국회가 특징인 제왕적 대통령제는 정경유착에 매우 취약할 수밖에 없다. 대통령이 결정할 수 있는 정책 범위가 넓어서다. 즉, 대통령이 기업에 줄 수 있는 혜택이 많다. 기업은 대통령 한 명만 포획하면 되니 정경유착 비용을 아낄 수 있다. 입법부가 강력하면 정부 정책은 예산부터 제반 제도까지 법적 근거가 있어야 시행된다. 관련 상임위원회와 정당 등 관여하는 사람도 많아진다. 특정 기업에 특혜를 주기가 까다롭고, 기업이 정치인을 포획하는 비용이 많이 들어간다. 요컨대, 제왕적 대통령제는 가성비 좋은 정경유착 제도다.

한국의 민주주의는 막강한 대통령과 정경유착을 초기 조건으로 하여 시작됐다. 잘못 설계된 정치제도의 궤도에 정경유착이라는 기관차가 최고 속도로 달렸다. 그렇다면 이승만 이후 한국 민주주의는 어떻게 그 경로를 바꾸려 했을까?

군권에서 금권으로

4.19 혁명 이후 의원내각제로 출범한 장면 정부는 이승만 시대의 관행에서 벗어날 수 있을 만큼 민주주의를 잘 알지는 못했던 것으로 보인다. 여당(민주당)은 입법과 행정을 통일성 있게 조정하는 의원내각제를 기껏 만들어 놓고, 대통령과 총리 자리를 두고 싸우다 쪼개졌다. 더군다나 여당은 이승만 시대의 부패를 개선하는 데도 그다지 성공적이지 못했다. 정치인 상당수가 이래저래 엮여 있던 까닭이다. 단적인 사례로 장면 총리는 이승만 행정부의 부통령이었다. 새 집권 세력에게

요구되는 중요한 능력은 기존의 이권 관계들을 새로운 정부에 걸맞게 정리하는 것이다. 포섭하든 억압하든, 정리하지 못하면 혼돈이 확대될 수밖에 없다. 이 점에서 장면은 무능했고, 박정희는 유능했다.

1961년 박정희 쿠데타 이후 1987년까지는 군권의 시대였다. 민주주의 관점에서만 보면 군부 독재는 이승만식 문민 독재보다도 퇴보한 것이었다. 다만, 경제학적 관점에서는 이 군권의 시대에 대한 해석이 반드시 부정적인 것만은 아니다.

1950년대 미국에서 아시아 버전의 냉전 모델을 개발한 경제학자 월트 로스토Walt Rostow는 민도가 낮고 자본이 없는 개발도상국에서는 선진국 같은 자유민주주의를 시행할 수 없다고 주장했다.[16] 선先풍요, 후後자유라는 이야기다. 그에 따르면 1950년대 한국 수준의 나라에서 미국 같은 민주주의를 하면 정치적 혼란이 확대되고, 저축이 부족해 자본 축적의 기초를 쌓을 수 없다. 국민의 지적·윤리적 수준을 높이는 동안에는 독재가 불가피하며, 엘리트 자원이 충분한 군부에서 '선의'를 가진 독재자를 배출해야 한다. 이 군부 엘리트가 민도와 자본을 강제로 축적해 경제적 도약take-off을 이뤄야 제대로 된 자유민주주의를 시작할 수 있다. 1960년대 박정희 정부는 로스토가 주목한 반공 개발도상국의 성공 사례였다.

하지만 1970년대 박정희는 로스토 관점에서 봐도 궤도에서 이탈한 독재자였을 뿐이다. 독재자가 잘못된 경제정책을 선택하고, 잘못된 정책으로 인한 불만을 억압하기 위해 독재를 더 강화하는 악순환이 발생했기 때문이다. 로스토처럼 표현하자면, 1970년대 한국은 이륙하자마자 경착륙하고만 꼴이었다.

문제의 발단은 1970년대 초 미국 닉슨 행정부의 냉전 완화 전략이었다. 베트남 패전의 출구를 찾던 미국은 아시아에서 군사력을 줄였다. '유능한 반공 세력'이라는 명분으로 군부 쿠데타를 일으켜 집권한 박정희는 심각한 위기를 느낄 수밖에 없었다. 이때부터 박정희는 '자주국방'에 집착했다. 그리고 군사 목적의 중화학공업화를 빠르게 추진했다. 1960년대 산업화가 국제적 비교 우위를 통해 경공업 수출을 늘리며 이루어졌던 것과 달랐다.[17] 이런 산업화의 결과는 어땠을까? 1979~1980년의 심각한 경제위기를 야기했다. 별다른 기술도 없던 한국이 1970년대의 세계적 경제침체 속에서 대규모 설비 산업에 집중했으니, 경제가 온전할 리 없었다.

중화학공업은 돈 잡아먹는 하마였다. 박정희는 정책 실패를 인정하지 않고 밑 빠진 독에 물 붓는 식으로 투자를 늘렸다. 자금은 어디서 나왔을까? 국민을 쥐어짰다. 박정희는 정책 실패로 인한 국민의 원망을 무력으로 틀어막으려고 1972년에는 유신 헌법도 제정했다. 얼마나 급했는지 정부는 달러를 벌기 위해 '기생 관광'을 암묵적으로 관리하기도 했다. 하지만 1970년대 말이 되자 경제도 독재도 더는 유지되기 어려웠다. 1979년 YH 여성노동자 시위, 부산과 마산에서의 대규모 시위 등은 착취와 탄압이 선을 넘어섰다는 신호였다. 그리고 우연인지 필연인지, 그의 측근이었던 김재규가 박정희를 살해했다.

이런 와중에도 재벌들은 중화학공업화 정책 덕에 더 팽창할 수 있었다. 거대 설비를 이용하는 중화학공업은 산업적 특성상 정책자금이 대기업에 집중될 수밖에 없었다. 정부는 중화학공업 기업들에 마이너스 금리로 대출을 제공했고, 재벌들은 정부 지원을 받기 위해 중화학공업 계열사를 늘렸다. 당연히 이 과정에서 정경유착 규모도 커졌다.

1980년대 초 한국은 민주주의에서나 경제에서나 비상 상황이었다. 1979년부터 이어진 스태그플레이션(경제침체와 인플레이션이 함께 진행되는 불황)이 매우 심각했다. 미국에서는 볼커 혁명이라 불린 전례 없는 통화 긴축이 시행됐다. 달러 의존이 큰 한국도 따라가야 했다. 통화와 재정을 긴축하면서 구조조정을 단행하다 보니, 노동자 서민은 소득이 줄어 고통이 더욱 커질 수밖에 없었다.

정치에서는 정치군인들의 기세가 여전했다. 육군사관학교를 나온 장교들은 직업 군인이면서 동시에 정치 지망생들이었다. 박정희 사후 이들의 고삐가 풀렸다. 반면 야당 지도자였던 김영삼과 김대중은 장면 정부 시절의 비극을 희극으로 되풀이했다. 야당과 재야 원로들이 군부 재집권을 막아야 한다며 둘의 연합을 주선했지만, 이 둘은 자신이 대통령이 될 수 있다는 꿈에 빠져 있었다. 김영삼은 김대중의 입당을 막았고, 나중에는 김대중이 김영삼의 입당 요청을 거부했다.

결국 1980년 5월 17일 전두환 군부가 쿠데타를 일으켰다. 비상계엄 확대 조치로 정치활동을 금지했고 국회도 폐쇄했다. 광주에서 학살이 자행됐고, 김대중이 사형선고를 받았으며, 김영삼은 자택에 연금됐다. 동시에 새 정부는 강력한 긴축 정책과 중화학공업 투자조정, 부실기업 정리 정책을 추진했다. 나름의 방식으로 구조 개혁을 시작한 것이었다. 하지만 정치적 정당성이 없는 군부의 개혁은 시민의 합의를 끌어내기 어려웠다. 고통스러울 수밖에 없는 개혁은 더 거대한 폭력을 통해서만 관철될 수 있었다.

전두환의 경제개혁이 그렇다고 제대로 성공한 것도 아니었다. 1980년대 초반 한국경제는 여전히 침체 상태였다. 재벌의 중화학공업 계열사들이 정상적으로 가동된 것은 1980년대 중반의 3저 호황 이후였다. 저유가, 저금리 상황에서 미국이 일본 엔화를 평가 절상한 것이 촉매가 되었다. 일본 제품의 가격이 폭등하자 한국 제품이 저가 상품 시장에서 선진국 소비자의 선택을 받았다. 행운이 한국경제를 살렸다. 1980년대 후반 현대그룹 매출은 정부 예산을 넘어섰고, 삼성그룹 매출은 3저 호황 기간 두 배나 증가했다. 우리가 오늘날 보는 재벌의 규모는 이때 만들어졌다.

하지만 외형적 성장에도 불구하고 재벌의 내부는 썩어가고 있었다. 문어발식 확장, 회계 비리, 비자금 등으로 말 그대로 엉망진창이었다. 더군다나 1989년부터 3저 호황이 끝나며 경기가 꺾였다. 개혁이 없으면 문제가 발생할 수밖에 없었다. 전두환의 뒤를 이은 노태우는 재벌개혁의 적기를 잡았다. 재벌개혁을 위한 경제적 여유도, 정치적 명분도 충분했다. 하지만 정부는 개혁에 나서지 않았다. 그 결과 재벌은 1990년대 금융개방을 이용해 무분별하게 단기 해외차입을 늘렸고, 1997년에 국민경제까지 부도냈다. 그러면 왜 노태우는 재벌개혁에 나서지 않았을까? 노태우가 나중에 구속된 이유를 보면 알 수 있다. 노태우는 재벌들에게 현재 돈으로 1조 원 넘는 뇌물을 받았다.

1990년대 정경유착의 특징은 금권金權이 정권을 끌고 갔다는 점이다. 1987년 민주화의 역설이었다. 선거 제도나 시민의 선거 규범은 빈약했는데, 선거 정치는 너무나 급속하게 커져버렸다. 폭발적으로 팽창한 선거에 맞춰 엄청난 규모의 운동자금이 필요해졌다. 그런데 누가 이 자금을 댔을까? 수백억, 수천억 원 규모의 선거자금을 일시불로 내어줄 수 있는 사람은 재벌 총수들뿐이었다. 군부 시절의 정경유착이 폭력을 이용한 '삥뜯기'였다면, 민주화 이후 정경유착은 재벌들이 이권을 약속받고 선거자금을 내어주는 '거래'였다. 대통령은 물론이고, 여야 국회의원 상당수가 재벌의 정치자금에 포획됐다.

참고로 1987년 6월 항쟁의 성과가 군인 대통령의 연장으로 이어진 책임은 김영삼·김대중 두 전직 대통령들에게도 있다는 점을 지적해둔다. 두 정치인은 자신만이 대통령 적임자라며 1987년 선거에서 분열했다. 둘은 장면 정부 시절 나뉜 민주당 구파와 신파의 후예였다. 민주당 구파와 신파는 대통령과 총리를 두고 다투다가 박정희 군부에 쿠데타의 명분을 제공했다. 김영삼과 김대중은 1979~1980년에도, 1987년에도 결과적으로 선배들의 부정적 유산을 극복하지 못했다. 이유가 뭐였을까? 정말로 그들은 세간의 혹평처럼 '대통령병'이라도 걸렸던 걸까?

대통령제는
현대 민주주의의 변종

17세기 말 영국에서 시작된 근대 민주주의는 입법부 아래 정부를 복속시키는 게 핵심이었다. 당시 정부는 군주가 지배했다. 의회는 처음에 군주의 징세권을 통제했고, 나중에 군주를 아예 행정부에서 떼어냈다. 그리고 마지막에 보통선거로 국민이 의회를 통제할 수 있도록 만들었다. 대통령제는 군주 없이 공화국을 건설한 미국에서 만들어진 것이었다. 역사적 맥락에서 보자면, 대통령제는 현대 민주주의의 변종이라 볼 수 있다. 군주를 입법부에 종속시키는 대신, 아예 입법부를 뽑는 국민이 군주도 뽑도록 만들었으니 말이다. 독립혁명을 이끈 미국의 지도자들은 군주가 없는 문제를 기간제 군주를 만드는 방식으로 해결했다.[18]

그런데 이런 대통령제의 문제점은 대통령 권력이 어쨌거나 군주의 권력과 비슷하다는 점이었다. 대통령은 군주처럼 오직 한 명이다. 투표로 뽑더라도 승자독식이다. 권력은 분점되지 않는다. 임기는 특별한 위법을 저지르지 않는 한 무조건 보장된다. 대통령은 군대와 경찰을 포함해 수많은 공무원을 지휘하고, 국내총생산의 상당 부분에 달하는 예산을 집행한다. 견제받지 않으면 얼마든지 무소불위의 힘을 휘두를 수 있다. 그래서 대통령은 법의 족쇄에 꽉 묶여 있어야 한다. 입법부가 튼

튼해야 하고, 입법부를 구성하는 정당들이 유능해야 한다. 위법 여부를 판단할 사법부도 철저하게 독립적이어야 한다. 미국은 20세기 중반까지 헌법을 손보면서 대통령의 제왕적(군주적) 권력을 통제하기 위해 여러 노력을 기울였다.

한국은 어땠을까? 대통령제의 이런 문제점을 충분하게 고려해 보완했을까? 앞서 봤듯 이승만은 그럴 생각이 애초부터 없었다. 군부 독재 정부들은 노골적으로 군주가 되고 싶어 했다. 그러면 문민화 이후에는 혹독한 독재의 경험을 반면교사로 삼아 대통령 권력에 법의 족쇄를 채웠을까?

1987년 개헌부터 보자. 개헌의 핵심은 두 가지였다. 첫째, 국민이 대통령을 직접 뽑는다는 것. 둘째, 대통령은 5년간 딱 한 번만 한다는 것. 개헌 이후 이 두 가지를 어긴 대통령은 없었다. 좁은 의미로 평가하면, 1987년 헌법은 지금까지 잘 작동한다. 하지만 앞서 봤듯 잘 굴러가는 헌법 아래에서도 대통령들은 모두 불행했다. 권력 남용의 함정을 피하지 못해서였다. 직선 5년 단임 대통령이라 하더라도 기간제라는 조건만 붙었을 뿐, 군주가 아닌 것은 아니었다.

한국의 대통령제는 1987년 이후에도 이승만이 만든 초기 조건의 경로 의존성에서 벗어나지 못했다. 우선 정치 지도자들은 현대 민주주의의 핵심이 탄탄한 입법부에서 시작된다는 점을 무시했다. 이승만 시대 국회는 정치 테러의 대상이었다. 장면 시대에는 무능의 상징이었다. 군부 정부에서는 독재자의 장식품 또는 야당의 비밀 언덕 정도밖에 되지 않았다.

김영삼, 김대중이 반복해서 분열했던 이유도 이와 관련이 있었다. 둘은 20세기 중반 30여 년을 국회의원 또는 야당의 지도자로 살았다. 하지만 그들에게 국회는 대통령으로 가는 사다리였지, 한국 민주주의를 위한 최전선은 아니었다. 둘은 내각제 개헌 논의를 파행으로 만들었고, 대통령이 된 후에도 입법부를 활성화하기보다 국회가 청와대를 보조하도록 만들었다. 당연히 대통령 자신에게 족쇄를 채우려 하지도 않았다. 군부 독재를 대체한 건 이승만 버전의 문민 대통령이었을 뿐이다.

김영삼은 대통령 직선제를 위협할 수 있는 잠재적 위험을 제거하는 데 역할을 하긴 했다. 민주주의의 최소 조건은 군부가 정치에 개입해서는 안 된다는 것이다. 그는 대통령 당선과 함께 해방 이후 꾸준하게 성장해온 정치군인들을 뿌리 뽑았다. 김대중은 여야 정권 교체를 이뤄 대통령 직선제의 효능감을 키웠다. 대통령제는 단판 승부이기 때문에 한 정당이 장기간 집권할 때 선거에 대한 기대 자체가 감소할 수 있다.

물론 둘의 이런 성과는 군주의 발목에 족쇄를 채우는 것과는 거리가 멀었다. 직선제를 지키는 데 효과가 있었을 뿐이다.

제왕적 대통령의 필요악이라 할 정경유착과 부패도 사라지지 않았다. 금권은 규범 없는 선거 경쟁, 대통령을 정점으로 한 위계적 권력 구조를 선호한다. 또한 제왕으로 가는 길은 경쟁이 치열할수록 더 많은 선거자금이 필요해진다. 노태우는 김영삼에게 3000억 원을 대선자금으로 건넸다고 진술했다. 1997년 대기업 연쇄 부도의 첫 주인공이었던 한보그룹 정태수도 대선자금을 주었다고 폭로했다. 소통령으로 불리며 공공연하게 아버지의 권력을 사용하던 김현철은 뇌물을 받고 구속됐다. 김대중은 수백억 원의 비자금 조성 의혹을 받았다. 세 아들은 모두 뇌물로 구속됐다.

김영삼 대통령 시기의 금권 정치는 결국 국가 부도로 연결됐다. 금권 정치의 한복판에서 출범한 김영삼 정부는 재벌개혁보다 오히려 재벌 살리기에 주력했다.[19] 반짝 반도체 호황이 있었지만, 전반적으로 1990년대에는 재벌의 수익성이 크게 하락했다. 무역수지도 계속 적자였다. 정부는 경기 활성화를 도모한다며 재벌의 투자를 독려하고 관련 규제를 완화했다. 1994년 삼성의 자동차 사업 진출 허가가 대표적 사례였다. 김영삼은 임기 초반에 재벌의 계열사 간 상호지급보증을 규제하겠다고 밝혔지만, 재벌의 상호지급보증을 통한 외부 차입은 오히려 증가했다.

재벌들이 단기외채까지 써가며 사업 확장에 열을 올렸던 것은 수익성에 둔감한 재벌의 속성 탓이었다. 재벌 총수는 투자 수익률에는 둔감하고 기업집단 규모에는 민감하다. 소수 지분만 소유한 채로 기업집단을 지배할 수 있기 때문이다. 재벌 가문에는 수익성에 비례하는 주식 배당이 아니라, 지배하는 계열사의 총자산이 더 중요하다. 적자가 나도 차입으로 기업집단 규모를 늘리는 게 유리하다. 이런 결과 1990년대 중반 30대 재벌의 핵심 계열사 부채비율이 500~700%에 달했다. 망하지 않는 것이 도리어 이상할 지경이었다. 대마불사大馬不死는 대마필사大馬必死로 나아가고 있었다. 그런데 이런 상황에서도 정부는 금권에 포획되어 속수무책이었다.

1997년 12월에 경제적 주권을 IMF가 가져갔다. 혼란을 수습하는 외부의 폭력이 등장한 셈이다. 1961년과 1980년의 군부 역할을 1997년에는 IMF가 떠맡았다.

IMF의 지도를 받으며 김대중 정부는 구조조정에 나섰다. 하지만 이번에도 재벌을 제대로 개혁하지는 못했다. 재벌 일부가 도태되긴 했지만, 나머지는 정부 도움으로 도약의 기회를 잡았다. 정부는 도태된 재벌의 우량 계열사들을 다른 재벌에 넘겼다. 정부가 재벌의 부실채권을 떠안기도 했다. 재벌들이 쉽게 해고할 수 있도록 노동시장 규제도 완화했다. 이런 결과 외환위기에 살아남은 재벌들은 2000년대 비약적으로 성장했다. 물론 재벌의 지배구조나 편법적 경영권 승계는 그다지 개선되지 않았다.

국가 부도라는 극단적 상황을 겪고도 금권의 영향력이 여전했음을 보여준 것은 이른바 '차떼기 사건'이었다. 2002년 SK그룹과 LG그룹 등이 2.5톤 차량에 현금을 가득 채운 뒤 그 자동차를 통째로 대선 유력 후보에게 전달했다. 노무현 대통령 시기에도 금권의 영향은 줄지 않았다. 오히려 공식화됐다. 삼성전자 사장이 정보통신부 장관에 임명됐고, 삼성경제연구소 전무가 국가정보원 최고정보책임자로 영입됐다. 최측근들이 삼성에서 돈을 받다 구속되는 일도 있었다.

지주회사구조이든 순환출자구조이든 재벌이 문제가 되는 건 두 가지 이유 때문이다. 첫째, 피라미드형 계열사 집단은 총수 가족의 사익편취에 쉽게 이용된다. 총수 가족은 여러 계열사 임원으로 이름을 올려놓고 각종 보상을 챙기거나, 계열사 간 거래에 가족 지분이 많은 기업을 끼워 넣어 중간에 통행세를 받아 챙긴다. 총수 가족 이권을 위해 계열사들이 동원되면, 기술혁신이나 생산성 향상에 쓰일 자원이 줄어들 수밖에 없다. 이런 이유로 피라미드형 계열사 구조는 전형적인 후진국 기업구조로 평가받는다.[20]

둘째, 총수 가족들이 건전한 시민이 아니어서다. 재벌 가문은 불법, 편법으로 부를 축적했다. 정부를 금권으로 포획하는 게 재벌의 전통적 경영 전략이다. 2016년의 이재용 부회장을 봐도 알 수 있듯, 이는 쉽게 바꿀 수 있는 게 아니다. 정경유착은 그들의 DNA라 해도 과언이 아니다. 더군다나 재벌 가문의 사람들은 각종 사회적 물의도 자주 일으킨다. 검증도 안 된 사람이 수백조 원 규모의 기업을 경영한다. 재벌을 옹호하는 사람들은 곧잘 스웨덴에도 재벌이 있다고 이야기하는데, 스웨덴의 재벌은 사회적으로 모범 시민으로 평가받는다는 점을 잘 생각해봐야 한다.

노무현 대통령은 "권력은 시장에 넘어갔다"라는 말로 재벌개혁을 사실상 포기했다. 이명박, 박근혜 대통령은 아예 재벌 '프렌들리' 정책을 폈다. 이는 한국경제에 치명적이었다. 재벌은 추격성장 시기에는 도움이 되는 구석도 있지만, 선진국으로 진입한 뒤에는 도리어 방해물이 된다. 예로 현대차는 2010년대의 사활을 건 미래 자동차 경쟁 와중에 총수의 경영권 승계를 위해 지배구조를 개편하는 일까지 해야 했다.

삼성전자 이재용 부회장은 세계적인 반도체 전쟁이 본격화되던 시기에 멀쩡한 계열사들을 합하고 찢다가 구속됐다. 재벌들 대부분이 이런 식이다. 선진국 진입을 앞두고 저성장 덫에 빠진 한국경제의 문제점은 재벌의 한계를 빼고는 설명할 방법이 없다.

이명박, 박근혜는 제도적으로 보장된 제왕적 권력에 권위주의적 통치 스타일을 더한 사례였다. 그런데 이런 통치 스타일은 적지 않은 문제를 일으킨다. 한국의 대통령제는 대통령의 권력 행사를 그다지 규제하고 있지 않아서다. 정치학자들은 한국형 제왕적 권력의 원천이 '편법의 자유'라고 분석하기도 한다.[21] 이명박은 총리실을 이용해 민간인을 사찰했고, 국정원을 이용해 여론 조작에도 나섰다. 박근혜 역시 정보기관을 동원해 다양한 방식으로 민간인을 감시했고, 문화계를 통제하려고 블랙리스트도 만들었다. 친구였던 최순실이 대통령을 등에 업고 재벌들을 압박해 수백억 원 규모의 재단도 만들었다. 두 대통령의 권위적인 통치 스타일이 대통령 권력의 모호한 경계를 단숨에 뛰어넘었다.

문재인 대통령은 통치 스타일 측면에서는 이전의 권위적 성격을 탈피했다. 대통령과 수석보좌관들이 텀블러를 들고 환하게 웃으며 청와대 경내를 산책하는 장면은 문재인 정부의 통치 스타일을 상징한다.

그런데 스타일과 별개로 대통령 권력은 오히려 더 커졌다는 게 문제였다. 청와대 규모는 이전 정권보다 커졌고, 낙하산으로 불리는 엽관제의 오남용도 줄지 않았다.

스티븐 레비츠키·대니얼 지블랫은 편법으로(불법은 아니다.) 민주주의 규범을 파괴하는 사례를 분석해 그 공통점을 운동 경기에 비유했다. 타락한 민주주의는 심판을 매수하고, 상대방 동의 없이 게임 규칙을 변경하며, 경기 외부자까지 이용하는 운동선수와 비슷하다. 한국의 대통령 탄핵 사태 이후 정치가 바로 이러했다. 청와대와 여당은 사법개혁이라는 명분으로 사법기관을 집권 세력에 유리하게 만들었고(심판 매수), 야당 합의 없이 선거법을 개정했으며(일방적 규칙 변경), 감염병 대유행이라는 국가적 위기를 총선 승리를 위해 정파적으로 활용했다(외부자 이용). 레비츠키와 지블랫은 이런 현상이 '합법적' 독재의 시작이라고 이야기한다.

왜 대통령에 법의 족쇄를 채우는 일이 이다지도 어려울까? 이 질문의 답을 찾으려면 정치와 경제를 움직이는 엘리트들이 어떤 유인에 따라 움직이는지 살펴볼 필요가 있다.

국가는 폭력과 지대의 교환을
재생산하는 체계

미국의 경제학자 더글러스 노스Douglass North, 존 월리스John Wallis, 배리 와
인개스트Barry Weingast는 정부와 민주주의의 의미를 폭력과 지대라는 인
간의 원초적 행동으로부터 설명했다.[22] 내용을 요약하면 다음과 같다.

　인간은 집단을 이루면서부터 항상 폭력 문제에 부닥쳐왔다. 인간이
집단을 이루는 건 기본적으로 생존을 위해 함께 생산하기 위해서다.
그런데 누가 무엇을 할지, 생산 결과를 어떻게 나눌지를 두고 갈등이
없을 수가 없다. 이 갈등을 해결하는 원초적 접근법은 물리적 폭력으
로 상대를 제압하는 것이다. 수렵 시대의 작은 규모 집단에서는 개인
이 가진 육체적 힘에 따라 우열이 결정됐다.

　농업 시대에 이르러 집단 규모가 비약적으로 커졌다. 일을 나누는 분
야나 영역도 이전과 비교할 수 없을 정도로 넓어졌다. 개인의 육체적
힘이 통하는 범위가 상대적으로 축소될 수밖에 없었다. 폭력을 보유한
집단이 조직되어야 했다. 그런데 이런 집단을 만들려면 내부에서 싸움
이 일어나면 안 된다. 수백만 명의 인구를 상대하는 수천 명의 폭력 집
단을 1대1 서바이벌 게임 방식으로 만들 수는 없는 노릇이다. 집단 내

부에서 각자가 가진 폭력을 자제하며 서로 협조할 유인incentive이 있어야 한다.

　여기서 유인은 전통적으로 지대地代; rent였다. 우리가 일상적으로 사용하는 지대는 토지 임대료를 의미하지만, 경제학에서는 그 의미를 좀 더 넓게 사용한다. 지대는 자신이 생산에 기여한 것 이상의 몫(분배)이다. 지주가 땀 한 방울 흘리지 않고 생산물을 얻는 것이 전통적 형태의 지대다. 생산자가 80의 노력으로 100의 소득을 얻는다면 20은 지대다. 폭력을 보유한 사람들이 이 지대를 얻는 대가로 자신의 폭력을 유보할 때 동맹이 체결된다. 힘 있는 사람들이 동맹을 결성하는 유인은 그 동맹이 깨졌을 때의 손해를 생각해봐도 이해할 수 있다. 폭력을 보유한 사람들이 동물적 충동에 따라 서로 싸우기 시작하면, 사회 존속이 어렵고 모두가 손해를 본다. 이런 이유로 폭력과 지대가 얼마나 체계적으로 교환되는지가 집단의 크기와 효율을 정한다.

　지대 동맹이 형성되는 기본적 형태는 강한 폭력을 보유한 사람이 군주가 되고 그보다 못한 사람들이 신하가 되는 것이다. 신하는 군주에게 충성하는 대가로 지대를 받는다. 이처럼 군신 관계의 기본 축은 충성과 토지를 교환하는 것이다. 중국에서는 관료로 선발된 사람들이 왕을 보필하며 왕의 지대(세금) 일부를 가져갈 권리(수조권)를 얻었다. 서유럽에서는 군주가 신하의 땅(노예)을 보호해주고 영주 또는 기사가 왕의 전쟁에 동참하는 봉토封土 계약이 만들어졌다.

폭력과 지대의 교환을 조직하는 데는 폭력의 우열만 필요한 건 아니다. 현재 상태를 정당화하는 이야기를 지어낼 사람, 지대의 이동을 원활하게 이어줄 사람, 입출금을 정리하고 장부를 기록할 사람, 생산에 종사하는 사람들을 관리할 사람 등이 필요하다. 이에 따라 이런 업무를 전문으로 하는 종교인, 상인, 문인, 지역 공동체 리더 등이 증가했고, 이들도 동맹에 포함되었다. 이렇게 폭력을 보유하고 지대를 나누는 집단에 포함된 사람들이 '엘리트'다. 그리고 폭력과 지대의 교환을 재생산하는 체계가 바로 국가state다.

국가의 원형은 자연국가로 불린다. 여기서 '자연'은 혈연이나 친분 같은 관계들이 우위에 있다는 의미다. 자연의 반대편에 있는 것은 오랜 기간 지적 노력으로 만든 사회적 제도다. 자연국가는 사적 관계를 정부의 통치 원리로 하는 국가다. 예로 조선은 이성계의 혈연집단이 대대손손 정부를 꾸렸고, 군주와의 혼인 관계 또는 군신 관계로 연결된 가문이 토지 자원을 독점했다. 그리고 왕의 명령이 그때그때 상황에 따라 사회적 규칙으로 적용됐다. 후견주의를 통치 방법으로 삼은 이승만 정부는 자연국가의 현대적 형태라 할 수 있다.

엘리트 동맹이 생산력의 발전 또는 국가의 확대 속에서도 유지되려면 자연국가를 넘어서 제도가 함께 발전해야 한다. 그리고 제도가 발전하려면 엘리트들이 변화를 수용할 수 있도록 새로운 유인이 제공되어야 한다.

제도는 간단하게 말해 게임의 규칙이다. 법 같은 강제성 있는 규칙부터 공식적인 관습, 암묵적으로 인정되는 규범도 포함된다. 이 제도의 핵심은 개인의 행동 범위를 제한하고, 상대방도 그런 범위 안에서 행동하리라고 신뢰하게 만드는 것이다. 이런 신뢰는 개인들이 좀 더 자유롭고 개방적으로 상대와 교류할 수 있도록 보장한다. 제도가 튼실하면 개인은 모르는 사람과도 안전하게 관계 맺을 수 있다. 반대로 제도가 불안정하면 개인들이 교류할 수 있는 범위가 좁아진다. 엘리트 사이의 충돌도 빈번해진다. 예로 총이 있는 두 사람 사이에 신뢰가 없으면, 먼저 쏘고 나중에 대화하는 게 이득이다. 이런 식이면 사람 사이의 사회적 관계가 넓어지기 어렵다. 즉 사회적 분업의 확대로 경제가 성장하려면, 제도가 신뢰할 만한 것이 되어야 한다.

18세기 서유럽에서 발전한 자유민주주의는 소수 엘리트에게만 적용되던 제도를 대폭 개방한 큰 변화였다. 대다수 주민에게 소유권이 보장되었고, 엘리트만이 아니라 주민 모두가 권리를 가지는 시민이 되었다. 이런 대폭적 개방은 당연히 법치rule of law 확립으로 이어졌다. 제도는 사적 관계에서 분리됐다. 민주주의는 시민에게 평등한 주권을 부여함으로써 만 명에게만 평등한 법이 아니라 만인에게 평등한 법을 만들었다. 그리고 폭력은 중립적인 정부와 공명정대한 법을 통해 규제되었다.

그런데 엘리트들이 이런 변화를 수용한 이유는 무엇이었을까? 특권적 지위가 보장하는 지대 추구의 기회를 포기하면서까지 엘리트들이 왜 이런 개방적 질서 또는 민주주의를 수용했을까?

가장 중요한 이유는 자유민주주의로 경제를 성장시키는 게 이득이 있기 때문이다. 단적인 예로 21세기 영국의 1인당 GDP는 17세기에 비해 20배나 크다. 17세기에 서민보다 20배 잘살았던 엘리트조차 21세기의 서민 수준에 불과했다. 18세기 영국 엘리트에게는 개방적 질서를 통해 경제를 성장시키는 게 이득이었다. 물론 엘리트들이 매번 손익계산서를 작성해 제도 변화의 방향과 수용 여부를 결정하지는 않았을 것이다. 다만 생산력이 발전하는 수준에 맞춰 제도를 만들다 보니, 개방적 질서가 발전할 수 있었다. 서유럽에서는 이런 제도 발전이 국가 간 군사 경쟁을 매개로 확산했다. 엘리트들이 자기 나라의 봉건적 특권에 안주했다가는 한순간에 몰락할 수도 있었다.

자유민주주의의 궁극적 지향은 모든 국민이 엘리트 동맹에 참여하는 것이다. 그런데 이는 역설적이다. 모두가 엘리트면 누구도 엘리트가 아니게 되니 말이다. 다만, 이상이 그렇다는 것이지 실제로 그렇다는 건 아니다.

현실에는 다양한 형태로 지대를 얻는 엘리트가 존재하고, 죽어라 일해도 간신히 먹고사는 하층 노동자도 존재한다. 자유민주주의의 공정성(제도적 보상)은 자신이 이룬 업적이나 노력에 비례해 보상이 주어져야 한다는 것을 의미하나, 시장 독점과 부의 세습이 증가하면서 공정성 자체가 실질적 의미를 잃어버리기도 한다. 또한, 현대 국가에서 공인된 물리적 폭력은 정부가 독점하지만, 이 폭력은 엘리트들에게 유리하도록 사용되는 경향이 있다. '유전무죄 무전유죄'라는 말처럼, 사법기관은 불편부당하게 위법을 판단하지 않는다.

특히 이런 경향은 경제 성장이 둔화하는 상황에서 커진다. 앞서 봤듯 엘리트 동맹의 개방성은 경제 성장을 전제로 형성된 것이다. 경제가 어려워지면 지대 추구 경쟁이 심화하고, 동맹의 개방성도 감소할 수밖에 없다. 그래서 자유민주주의는 경제적 곤란이 커질 때 위기에 봉착하는 경향이 있다.

그렇다면 이런 폭력과 지대의 교환은 한국에서 어떻게 만들어지고 변화했을까? 제왕적 대통령제는 어떤 교환 메커니즘에서 지금까지 유지될 수 있었을까?

한국의 '지대 동맹' 다이내믹스

모종린·배리 와인개스트는 《한국발전론》에서 한국에서 폭력과 지대의 교환이 어떻게 변화했는지 분석했다. 제왕적 대통령제에 초점을 맞춰 그들의 분석을 응용해 보겠다.

이승만 시대의 엘리트들은 대통령의 인맥을 중심으로 동맹을 맺었다. 정부 관료, 국회의원, 경찰, 재벌들이 그 동맹에 참여해 폭력을 유보하고 지대를 공유했다. 지대의 원천은 미국의 원조물자와 적산이었다. 이승만의 후견주의는 폭력과 지대의 교환 원리였다. 그런데 1959년부터 미국 원조가 급감했다. 미국은 한국 정부의 부패를 보면서, 한국이 반공의 쇼케이스로 성공할 수 없다고 판단했다. 나눌 수 있는 지대가 줄었고, 고령의 이승만은 이전처럼 여론을 조작하지 못했다. 이승만 하야 이후 출범한 장면 정부는 엘리트 동맹을 만드는 데 실패했다. 의원내각제를 토대로 민주주의를 발전시켜보려 했지만, 폭력과 지대를 교환할 새로운 질서를 만들지는 못했다.

　이승만과 거리를 뒀던 군부가 박정희를 수장으로 삼아 정부를 엎어버렸다. 군부는 물리적 폭력을 이용해 엘리트들을 규합했다. 하지만 그것만으로 동맹을 유지하기는 어려웠다. 북한과 체제 경쟁을 하고 있었고, 미국이 군사적 통제권의 일부를 쥐고 있었기 때문이다. 폭력과 지대의 교환을 이어가려면 경제 성장이 필요했다. 여기에 군부와 재벌의 유인이 일치했다. 경제 성장에 필요한 만큼 정부 행정과 법률이 정비되었다. 하지만 1970년대 미국의 반공 정책이 변하고 박정희가 무리하게 군사적 중화학공업화를 밀어붙이면서 경제가 위기에 빠졌다. 엘리트 동맹도 이완되기 시작했다.

　박정희 사후 민주화 이행을 개시하지 못한 것은 엘리트 동맹 내부의 역학 탓이었다. 박정희가 육성한 정치군인들은 폭력과 지대의 교환 방식을 이전 그대로 유지하고자 쿠데타를 일으켰다. 군부에 반대했던 야당의 김영삼과 김대중은 분열했다. 세력도 열위였는데 전략까지 빈약했다. 어쨌든 군부는 3저 호황 덕분에 군부와 재벌의 동맹을 이어갈 수는 있었다.

하지만 군부 주도의 동맹은 한국이 더 발전할 기회를 빼앗았다. 자유를 보장해 시민의 역량을 좀 더 끌어냈다면, 재벌을 개혁해 시장이 좀 더 효율적으로 작동했다면, 다시 말해 자유민주주의가 가진 장점이 잘 발현됐더라면, 1997년의 국가 부도는 피할 수 있었을지도 모른다. 경제 성장률 역시 군부 정권보다 나았을 것이다. 전두환, 노태우 시대의 고도성장은 세계 경제의 훈풍이 팔 할 이상의 역할을 했다. 제대로 된 문민정부가 있었다면 그보다 못했을 리 없다.

김영삼은 하나회 해체를 통해 정치군인들에게 결정적 타격을 입혔다. 김대중은 수평적 정권교체를 이뤘다. 둘은 한국의 엘리트 동맹에 변화를 불러일으켰다. 문민화 효과였다. 하지만 제왕적 대통령과 재벌이라는 중심축은 변하지 않았다. 군권의 자리만 금권이 차지했다. 노무현, 이명박, 박근혜, 문재인까지 대통령의 제왕적 권력은 여전했다. 금권도 여전했다. 권력 남용으로 대통령들은 계속 불행했다. 재벌의 경제적 독점력을 이용한 지대 추구와 총수 일가의 사익 편취는 오히려 그 규모가 커졌다.

도시 상위 소득 계층이 새롭게 지대 동맹에 참여한 것은 큰 변화였다. 대기업과 공공부문의 정규직, 수도권 아파트 소유자 등 소득과 자산의 상위에 속한 사람들이 공고한 계층 간 벽을 쌓았다. 대기업과 공공부문 정규직의 임금 소득에는 일자리 자체가 가져다주는 지대가 더해졌다. 중위 임금의 상승 속도를 크게 웃도는 수도권 아파트 가격 상승도 엄청난 지대를 창출했다. 일자리와 부동산이 21세기 엘리트 동맹에 진입하는 새로운 열쇠이다. 이 부분은 6장에서 좀 더 자세히 살펴볼 것이다.

한국이 제대로 된 민주주의로 이행하지 못한 것은 이런 엘리트의 지대 동맹을 이완하고 해체하는 방법을 찾지 못한 탓이다. 정치의 가장 중요한 제도는 입법과 행정에 관한 것이다. 경제의 가장 중요한 제도는 기업 조직과 시장 경쟁에 관한 것이다. 전자에 속하는 대통령제와 후자에 속하는 재벌이 한국에서는 개혁의 핵심이다. 그런데 앞서 살펴본 것처럼 두 제도는 그 형태만 조금씩 달라졌을 뿐, 이승만 시대부터 지금까지 이어지고 있다. 더군다나 21세기에 들어서 일자리와 부동산을 매개로 한 지대 동맹이 추가됐다. 엘리트 지대 동맹은 이전보다 더 공고해졌다.

우리는 이제 중간 결론에 도달했다. 정적을 청산하기 위한 민주주의, 내 진영을 모으기 위한 민주주의는 폭력과 지대의 교환을 재생산하는 한국의 두 제도, 제왕적 대통령제와 재벌을 개혁하지 못한다. 제도적으로 결함이 있는데 규범마저 엉망이다 보니, 대통령은 권한 남용과 부패를 피하지 못한다. 재벌은 정경유착으로 지대를 키우며 한국경제의 발목을 잡는다. 이승만 시대에 설정된 민주주의의 경로 의존성이 정말로 무서우리만큼 한국을 지배하고 있다. 문재인 정부 역시 마찬가지였다.

한국 민주주의가 변화하려면 지대 동맹이라는 사슬의 약한 고리를 찾아야 한다. 쇠사슬을 끊을 때는 사슬 전체를 잡아당기기보다, 약한 고리 하나를 찾아서 거기에 힘을 집중하는 게 효과적이다. 약한 고리를 찾으려면 촛불정부의 민주주의가 경제와 안보에 미친 부정적 영향을 검토할 필요가 있다.

민주주의는 자유와 풍요를 추구하는 데 효과적이었기 때문에 현대 정부의 구성 원리로 수용된 것이다. 그래서 고장 난 민주주의, 타락한 민주주의를 갱생시키려면, 어떤 점에서 현재의 민주주의가 자유와 풍요의 증진에 비효율적인지 정확히 살펴야 한다. 지대 동맹의 약한 고리도 거기서 찾을 수 있을 것이다.

3장

경제학에
반대하는 정치

정부가 여론에 따라 정책을 결정할 때 가장 심각한 피해가 발생하는 영역이 바로 경제다. 시장은 자신의 법칙을 가지고 있다. '규범적 선의'가 '경제적 최선'으로 이어지지 않는 경우가 많다. 그렇다면 정부가 여론의 지배라는 민주주의 고유의 함정에 빠졌을 때 시장은 어떤 식으로 반격에 나서는가? 과연 민주주의는 경제의 어디까지 관여할 수 있을까? 소득주도성장, 부동산 투기 근절, 적극적 적자재정이 특징인 문재인 정부의 경제정책을 평가하며 그 답을 찾아보자.

물리 법칙을 처음 배운 초등학생들이 한 번은 상상해보는 발명품이 있다. 바로 영구동력기관이다. 원리는 이렇다. 물을 위에서 부어 물레방아를 돌린다. 돌아가는 물레방아로 물을 퍼 올린다. 그 물을 부어서 물레방아를 다시 돌린다. 당연히 이런 영구기관은 실제로는 작동할 수 없다. 마찰열과 소리 등으로 에너지가 중간에 소실되기 때문이다. 물레방아가 다시 퍼 올리는 물은 이전보다 훨씬 적다. 이게 만고불변의 자연법칙인 에너지보존법칙이다.

그런데 황당하게도 이런 영구동력기관이 시장에 가끔 등장한다. 19

세기 후반 미국에서는 킬리모터라는 기업이 "1리터의 맹물로 기차를 필라델피아에서 뉴욕까지 달리게 할 수 있다"라고 광고해 오늘날 화폐가치로 자그마치 1억 달러를 모았다. 2000년대 중반 한국에서는 한 회사가 물에서 수소를 분리해 400% 이상의 열효율을 낼 수 있는 기술을 개발했다며 수억 원이 넘는 돈을 챙겼다. 웃자고 한 사업에 죽자고 투자하는 사람들이 의외로 많다. 자명한 자연법칙(에너지보존법칙)을 무시하면 사기를 당할 수밖에 없다.

사회를 대상으로 한 과학들은 어떨까? 그리고 이를 무시하면 어떤 일이 생길까? 질문에 답하기 전에 자연과학과 사회과학은 차이가 있다는 점을 먼저 지적해둬야겠다. 자연과학은 실험으로 검증할 수 있지만, 사회과학은 그렇지 않다. 또한, 자연의 법칙은 인간과 무관하지만, 사회과학이 다루는 대상은 인간이 만든 것이다. 그래서 사회의 법칙은 자연법칙과 달리 인간의 의지로 바꿀 수 있다고 생각하는 경향이 있다. 5000만 명이 중력 법칙이 아니라고 우겨도 진리는 흔들리지 않지만, 시장의 수요-공급 법칙이 아니라고 우기면 얼마든지 아닌 게 되어 버릴 수 있다.

하지만 무시할 수 있다는 것이 그렇게 해도 아무런 영향이 없다는 의미는 아니다. 때로는 사회과학을 무시하는 게 자연과학을 무시하는 것보다 더 큰 손해를 끼친다. 무한동력기관은 어차피 실현될 수 없어서 일부의 사기 피해로 끝나지만, 만약 대통령이 경제학을 무시하고 무한 통화정책을 실행하면 경제가 무너진다.

이 장은 민주주의와 경제학의 관계를 다룬다. 국민 주권의 궁극적 목표는 자유와 풍요의 증진이다. 경제학은 자유와 풍요를 위해 먹고 사는 문제를 어떻게 해결할지 연구하는 과학이다. 둘은 떼려야 뗄 수 없는 사이다. 역사적으로 봐도 18세기 이후 자유민주주의와 경제학은 함께 발전해 왔다.

그런데 여기서 생각해 볼 문제가 하나 나온다. 민주주의가 가진 고유의 위험이 '여론의 지배'라는 점이다. 그리고 여론은 사회에 관한 과학을 무시할 수 있다. 여론을 따르는 게 민주주의라고 믿는 지도자들이 경제학을 무시하는 경우가 많았다. 하지만 자유와 풍요가 다수의 선호로 달성할 수 있는 목표일까?

여론이 곧
민주주의라는 믿음

경제학의 에너지보존법칙은 "세상에 공짜는 없다"라는 경구로 요약할 수 있다. 맛있는 식사를 하려면 자신이든 남이든 정신적 육체적 노력을 들여서, 요리기구를 사용해, 식재료를 요리해야 한다. 그런데 요리기구도, 식재료도, 요리사의 노력도 공짜가 아니다. 누군가가 공짜로 식사하면 다른 누군가는 희생을 감내해야 한다. 즉, 언제 어디서나 아웃풋에는 인풋이 필요하다.

하지만 먹고사는 세계의 에너지보존법칙은 정부 정책에서 쉽게 무시되곤 한다. 문재인 정부가 출범과 함께 내세웠던 경제정책 기조인 소득주도성장이 그 대표 사례다. 소득주도성장은 "세상에 공짜도 있다"로 요약된다. 공짜 식사로 손해 본 요리사는 더 노력해서 그 손해를 만회하려 들기 때문에, 공짜 식사를 즐긴 사람과 공짜로 요리한 사람 모두 결과적으로 이득을 얻는다는 게 요지다.

소득주도성장의 논리는 두 가지로 이루어져 있다. 첫 번째 논리는 수요의 마법이다. 임금이 오르면 소비가 늘고, 소비가 늘면 기업 매출이 증가하고, 매출이 증가하면 임금 상승으로 인한 비용 증가가 상쇄된다.

두 번째 논리는 생산성 마법이다. 임금이 올라 기업 이윤이 줄어들면, 사업주는 줄어든 이윤을 만회하기 위해 투자를 늘리고, 투자가 늘면 노동생산성이 상승해 이윤이 다시 회복된다. 수요의 마법이 기업 생산 능력의 상한선까지 효과가 있다면, 생산성 마법은 기술이 허용하는 상한선까지 효과가 있다.

직관적으로 보면 그럴듯하다. 하지만 현실에서 이런 일은 좀처럼 일어나지 않는다. 왜일까? 앞서 본 초등학생의 무한동력기관 발명품과 비슷한 이유에서다. 초등학생은 물레방아의 에너지 손실이 0%라는, 현실에서 불가능한 조건을 가정했기 때문에 무한동력을 상상할 수 있었다. 소득주도성장도 비현실적이거나 불가능한 가정을 바탕으로 하고 있다.

수요 측면에서는 임금 상승이 그만큼의 소비 증가로 이어진다는 가정이 비현실적이다. 코로나19 상황에서 2020년 초 전국민재난지원금이 어떻게 사용됐는지 생각해보자. 한국개발연구원KDI은 지원금의 30% 정도만 실제 소비 증가에 효과가 있었다고 분석했다. 70%는 저축이나 부채 상환에 사용됐다.

불황 속 인위적 임금 인상도 이와 비슷한 효과를 낸다. 인위적으로 임금을 상승할 정도로 경제가 나쁘면, 노동자는 상승분 전체를 소비하는 게 아니라 미래를 위해 일부를 저축한다. 임금이 오른 만큼 매출이 따라 오르지 않으면 어떤 일이 벌어질까? 수익성이 낮은 기업부터 어려움에 처한다. 그리고 고용이 줄어들어 결과적으로 임금 인상 효과가 사라진다.

생산성 측면에서도 비현실적 가정들이 문제가 된다. 투자를 늘리면 그만큼 노동생산성이 상승한다는 가정이 그것이다. 인위적으로 임금 인상이 필요한 기업들은 노동집약적 산업이나 기술적으로 생산성 향상이 쉽지 않은 산업에 속해 있는 경우가 많다. 심지어 21세기 세계 경제에서는 일부 첨단산업을 제외한 대부분의 산업에서 노동생산성 상승 속도의 둔화가 관측되고 있다. 자본투자만으로 생산성이 쭉쭉 올라가는 시대는 한참 전에 지나갔다. 이런 조건에서 임금 인상으로 투자를 유도하고, 그 투자로 이윤 감소분을 만회한다는 건 비현실적 가정이다. 결국 인위적 임금 인상은 고용 감소라는 시장의 반격 앞에 무력화될 수밖에 없다.

그러면 한국에서 추진된 소득주도성장은 어떤 결과를 낳았을까? 우리가 경험한 건 소득주도성장의 가능성은 아니었다. 도리어 비현실적 가정이 산산이 깨지며 냉정한 현실이 드러났다. 문재인 정부가 2019

년부터 은근슬쩍 소득주도성장을 정부 기조에서 내린 것도 이런 현실을 인정했다는 방증이다. 문재인 정부는 소득주도성장의 치명적 결함을 몰랐을까? 그렇지는 않았을 것 같다. 앞서 지적한 비현실적 가정들은 경제학계에서 이미 충분히 알려진 사실들이기 때문이다. 그렇다면 도대체 이유가 무엇일까? 소득주도성장을 실제 정책으로 구현한 최저임금 정책을 보면 그 답을 찾을 수 있다.

최저임금제도는 정부가 시장 임금에 영향을 미칠 수 있는 직접적인 수단이다. 그래서 문재인 정부는 소득주도성장을 위해 최저임금을 임기 초반 2년 동안 29%나 인상했다. 선진국에서는 지금껏 볼 수 없었던 인상률이다. 2001~2017년 OECD 34개 국가의 평균을 내보면, 최저임금과 1인당 명목GDP 상승률 차이는 고작 0.7%p다.[23] 즉, 장기적으로 생산성과 물가의 상승 범위 내에서 최저임금이 인상됐다.

경제학계에는 최저임금 인상의 영향을 둘러싼 오랜 찬반 논쟁이 있다. 그런데 찬성이든 반대이든, 논쟁의 대상으로 삼는 것은 선진국의 한 자릿수 인상률이다. 경제 성장률이 하락하고 심지어 물가상승률도 바닥인 가운데, 최저임금만 29% 인상한 한국 같은 사례는 논쟁의 범위 밖이다. 노동시장의 수요공급 법칙을 완전히 벗어나는 것이기 때문이다. 당연히 이런 인상은 고용에 심각한 악영향을 미친다. 최저임금이

고용에 악영향을 미치지 않는다는 실증 분석으로 유명한 데이비드 카드 교수도 노벨상 수상 연설에서 자신이 최저임금의 급격한 인상에 동의하는 건 아니라고 말했다.

하지만 문재인 정부는 대다수 경제학자의 비판에도 불구하고, 수요와 생산성의 마법으로 문제를 해결할 수 있다고 주장했다. 결과는 어땠을까?

역설적이게도 문재인 정부 임기 전체의 최저임금 인상률은 평균 7.3%였다. 박근혜 시기의 7.4%보다 오히려 낮았다. 임기 초반 2년간 연평균 14%로 급격하게 인상했다가, 임기 후반 3년간 연평균 3%로 급격하게 낮춘 결과였다. '익사이팅'하지만 결국 제자리로 돌아오는 롤러코스터 최저임금 정책이었다. 그러면 왜 문재인 정부는 임기 후반에 소득주도성장을 따르지 않았을까? 경제학적 평가를 다시 했기 때문일까? 그런 이유는 아니었던 것 같다. 문재인 대통령은 2018년 하반기에 소득주도성장특별위원회라는 조직을 만들었다. 소득주도성장이 여전히 옳다고 생각한 것이다. 그렇다면 이유가 대체 무엇이었을까?

여론 지지율이었다. 갤럽 조사를 보면 2017년 7월에는 최저임금 인상의 영향에 대해 긍정 45%, 부정 28%였다. 2018년 2월에는 각각

41%와 40%, 2019년 1월에는 24%와 52%, 2020년 6월에는 최저임금 인상 의견이 25%, 동결 의견이 56%였다.[24] 눈치 빠른 독자들은 이 숫자들을 보면서 감이 왔을 것이다. 놀랍게도 최저임금 인상률은 딱 최저임금에 대한 여론의 긍정과 부정 차이에 비례해 인상됐다. 2017년 긍정과 부정의 차이는 17%p였고, 최저임금은 16.4% 인상이 결정됐다. 2018년에는 이 차이가 1%p였고, 최저임금은 10.9% 인상이 결정됐다. 2019년에는 차이가 −28%p, 최저임금은 2.8% 인상, 2020년에는 차이가 −31%p, 최저임금은 1.5% 인상이 결정됐다. 정부의 최저임금 인상률에 가장 큰 영향을 미친 것은 소득주도성장에 대한 신뢰 여부가 아니라 여론 추이였다.

최저임금 결정 과정은 문재인 정부의 특징을 잘 보여준다. 여론이 곧 민주주의이며, 여론이 과학적 진리보다 우위에 있다는 믿음 말이다. 소득주도성장을 채택한 이유도 그 내용이 대중의 선호에 부합한다고 판단했기 때문이다. 정부가 나서서 노동자 임금을 끌어올리면 모두가 행복해진다는 말은 정말로 달콤했다.

사실 소득주도성장은 경제학계에서도 그다지 알려지지 않은 이론이었다. 아는 사람이 별로 없다 보니 경제정책을 만드는 고위 관료 인선도 이상했다. 문재인 정부 경제정책의 총책임자로 임명된 장하성 교

수는 기업지배구조, 금융시장 같은 기업 수준의 변화를 연구한 학자이
자, 주주의 이익을 명분으로 재벌개혁에 나섰던 시민단체 활동가였다.
전공 분야도, 경제철학도, 소득주도성장과는 관련이 없었다. 그럼에도
여론 지지율 80%로 출발한 문재인 대통령은 거침이 없었다. 여론이
지지하면 경제학계의 비판은 아무 문제가 되지 않는 듯 정책을 밀어붙
였다. 솔직히 말해, 정부 경제정책의 기조는 '여론 주도 성장론'이라 부
르는 게 더 적당했다.

존 스튜어트 밀은 여론의 독재와 무지의 통치가 결합하는 것을 민주
주의가 가진 고유의 위험이라고 경고했다. 무지의 통치는 결과적으로
다수에게 손해를 끼치고, 여론의 독재는 잠깐의 흥분과 감격 뒤에 긴
좌절과 분노를 남긴다. 무지의 통치와 여론의 독재는 이런 점에서 민
주주의의 자해 행위와 다름없다.

'억울-남탓'의 경제학에서 나온
부동산 정책

아이를 키우다 보면 자주 듣는 말 중 하나가 "쟤 때문에~"라는 말이다.
부모가 혼낼 기미를 보이면 아이는 울먹이며 남 탓을 한다. 그렇게 울

면서 자신의 처지를 억울해하고, 그러다 보니 더 크게 울게 된다. 물론 이런 '억울-남탓' 증폭 현상은 아이가 커가면서 점차 사라진다.

그런데 성숙한 시민의 공론장이 되어야 할 정치에서 억울-남탓의 증폭 현상이 곧잘 나타난다. 포퓰리즘 정치는 대중의 불만을 억울함으로 재해석한 후, 그 책임을 '악마화'된 특정 상대 탓으로 만드는 선동에 능수능란하다. 포퓰리즘 지도자는 이런 '억울-남탓'의 증폭기 역할을 맡는 사람이다.

'억울-남탓' 증폭기는 경쟁이 존재하는 영역에서 특히 파괴적인 결과를 가져온다. 예로 축구 경기에서 패배한 팀이 '관중이 시끄러워서 졌다'며 승패를 인정하지 않고 재경기를 요구한다고 상상해보자. 재경기를 해서 승패가 바뀌면, 이번에는 다른 팀이 축구공에 문제가 있다며 재경기를 요구할 수 있다. 오만가지 이유로 재경기가 가능해지면 축구 경기 자체가 불가능해진다. 경쟁이 성립하려면 참가자들이 '승복-내 책임'을 규범으로 수용해야 한다. 일단 경쟁이 시작된 이후에는 결과에 승복해야 하고, 그 결과는 내 책임이다.

억울-남탓으로 경쟁 조건이 무너지면 경제에 막대한 피해가 발생한다. 경쟁이 불가하면 가격이 왜곡되고, 가격이 왜곡되면 수요/공급 조정이 이뤄지지 못한다. 어떤 물건은 남고, 어떤 물건은 부족해지며, 누구는 벼락부자가 되고, 누구는 벼락거지가 된다. 문재인 정부의 부동산 정책은 이러한 억울-남탓의 경제정책이 어떤 부작용을 낳는지 보여준 단적인 사례였다.

문재인 정부는 출범하자마자 주택 가격 상승을 투기꾼 탓으로 규정하며, 부동산 적폐 청산을 주장했다. 집 없는 서민의 억울함을 달랜다며 다주택 또는 고가 주택 보유자들에게 징벌적 세금도 매겼다. 결과는 어땠을까? 모두 알다시피 부동산 정책은 그야말로 '폭망'했다. KB부동산통계에 따르면 서울 아파트 중위 가격은 문재인 정부 4년간 연평균 약 15%씩 상승했다. 박근혜 정부 4년간 연평균 상승률은 약 5%였다. 물가까지 고려하면 문재인 대통령 시기의 서울 아파트 실질 가격 상승률은 대한민국 건국 이래 가장 높았다. 두 달에 한 번꼴로 부동산 정책이 발표됐음에도 말이다. 대체 왜 이 정도까지 정책이 실패했을까?

간단한 경제 상식으로 이야기를 시작해보자. 주택 가격이 오르면 주택 소유자의 자산이 커지고, 세입자의 주거비 지출이 늘어난다. 소유자 이득, 세입자 손해다. 그런데 전국적으로 보면 자기 소유 집에 사는 가구(자가점유율)가 60% 정도 된다. 만약 순수하게 부동산 손익으로 정책 지지 여부를 결정했다면, 집값 상승에 대해 60%는 긍정적 반응을 보여야 한다. 그런데 모든 여론 조사에서 부동산 정책에 대한 비판이 압도적이었다. 이유가 무엇이었을까? 주택 소유자들이 사회적 정의 차원에서 집값 하락을 원해서였을까? 당연히 아니다. 복잡한 이해관계와 사연들이 얽혀 있기 때문이다.

주택을 둘러싼 복잡한 이해관계는 국토교통부 '주거실태조사'에서 발견할 수 있다. 2020년 조사에 따르면 응답자의 90%가 자가 보유를 원하고 있었고, 정부에 바라는 주택지원 정책도 주택구매 대출 지원이 가장 많았다. 심지어 하위 소득 가구도 공공임대보다 주택구매 대출을 오히려 선호했다. 주택을 보유하는 건 투기꾼의 욕망이 아니라 국민 다수의 기대다. 그렇다면 집값 폭등은 이 기대에 어떤 영향을 미쳤을까?

우선 무주택자 중에서 집을 사고 싶은 사람들의 박탈감이 커졌다. 집값 상승률은 서울, 수도권, 지방 대도시 순이다. 학교, 직장, 사업 등 주변 환경이 좋은 순으로 집값이 더 뛴다. 집값이 높은 지역일수록 자가 점유율은 낮다. 비정규직이 서울 아파트를 사려면 한 푼도 안 쓰고 임금을 모아도 20년 이상이 걸린다. 경제 불황에는 인구와 자본이 더욱 서울 수도권으로 집중된다. 여기에 만혼, 비혼으로 1인 가구도 빠르게 증가했다. 먹고살 만한 지역에서 살 집을 사기란 원래 어려운 법인데, 집값이 폭등하니 그 어려움이 가중됐다.

집을 가지고 있는 사람들도 상대적 박탈감을 느꼈다. 집값 상승률이 천차만별이었기 때문이다. 서울이 두 배 뛸 때, 지방은 별로 오르지 않았다. 서울에서도 강북은 강남보다 덜 올랐다. 사실 주택 매매는 무주택자의 신규 구매만 있는 게 아니다. 유주택자 간의 매매도 많다. 주택 간 가격 차이가 벌어지면 이사할 때 필요한 자금 규모가 커진다. 지방에서 서울로 가려면, 강북에서 강남으로 가려면, 집을 한 채 더 산다는 각오로 돈을 빌려와야 한다. 이런 식으로 주택 시장에서는 가장 높은 곳을 기준으로 상대 가격이 측정된다. 그래서 강남을 제외하면 상대적으로 모두 집값이 하락한 꼴이 되고 만다. 부동산 불만은 집값의 절대 가격 상승이 아니라 상대 가격 하락에 영향을 받았다.

정부 부동산 정책은 수요 규제가 핵심이었다. 주택 관련 대출을 규제했고, 세금도 높였다. 심지어 투기 대상이 된다며 재개발까지 규제했다. 투기꾼 탓이니 투기꾼이 움직이는 모든 곳에 덫(핀셋 규제라고 불렀다.)을 설치하면 된다는 발상이었다. 하지만 꼬인 줄을 푸는 문제를 줄을 댕강 잘라서 답을 냈으니, 줄이 온전할 리 없었다.

우선 대출을 규제하자 구매 자금이 부족한 사람들이 난리가 났다. 실수요자는 규제하지 않겠다고 했지만, 투기꾼 머리에만 뿔이 달린 것도 아니고, 실수요자가 누구인지 구별할 방법이 없다. 새로 아파트를 사려는 사람부터 살던 아파트를 팔고 새 아파트를 사서 이사하려는 사람까지, 모두가 어려움을 겪었다. 더군다나 실제 투기꾼은 꼼수로 빠져나갈 구석이 많았다. 전세를 끼고 새 아파트를 구매하는 이른바 '갭 투자'가 처음에는 투기로, 나중에는 아예 일반화된 거래 방식으로 이용됐다. 대출로 집을 사고 싶은 것은 한국 시민 대다수의 욕구다. 이런 조건에서 대출 규제는 대출 불평등이라는 역설을 만들 수밖에 없었다.

부동산에 죄악세를 매긴 정책도 부정적이었다. 죄악세는 소유할 자유를 금지할 수는 없지만 공익을 위해 사회적 규제가 필요한 상품에 매기는 징벌적 세금을 뜻한다. 주세와 담뱃세가 대표적이다. 음주와 흡연으로 인한 만족(편익)은 개인이 누리고 건강 악화로 인한 건강보험 지출(비용)은 사회가 부담하는 꼴이니, 세금을 부과한다는 논리다. 경제학에서도 편익과 비용의 균형 차원에서 죄악세의 필요성을 인정한다. 정부는 이런 죄악세의 논리로 부동산 대책을 발표할 때마다 다주택 또는 고가 주택 소유자에게 세금을 더 부과했다. 그런데 부동산 소유에 죄악세 논리를 적용하는 게 맞을까?

토지는 희소한 것이지 누군가에게 해를 끼치는 것은 아니다. 인간의 욕구에 비해 토지는 질적·양적으로 제한되어 있다. 희소한 것을 사적으로 소유하려면 대가를 지불해야 한다. 특히 대도시 토지처럼 공급이 극도로 제한될 때는 수요 변화에 따라 토지 가격이 천정부지로 뛴다. 서울의 주택 가격을 분해하면 건물 건축비보다 토지 가격이 몇 배 높다. 신규 부지를 개발하거나 용적률 상향 같은 주택용 토지 공급 방법이 고안되지 않는 한, 1명이 10채를 가지고 있으나, 10명이 10채를 가지고 있으나, 토지 희소성에는 차이가 없다. 희소한 토지를 분배하는 방법의 차이를 가지고 죄악 여부를 따질 수는 없는 노릇이다. 심지어 근대적 자유는 소유할 자유에서 출발했다. 그중에서도 토지는 인류의 가장 오래된 소유 대상이었다. 토지 소유 자체를 죄악으로 규정할 수 있는 규범은 자유민주주의에 존재하지 않는다.

1명이 서울 아파트 10채를 소유하는 것보다 10명이 1채를 소유하는 게 아파트 소유의 효용을 높인다고 주장할 수는 있다. 하지만 서울의 세입자에게만 서울 아파트를 분배하는 건 불공평하다. 서울에 아파트를 가지고 싶은 전국의 모든 사람에게 공평해야 한다. 전국 2000만 가구 모두에게 공평하게 서울 주택을 분배할 방법이 무엇일까? 시장에서 가격에 따라 매매하는 것 말고는 우리가 아는 방법이 없다. 현재 주택 가격이 시장을 독점한 소수가 멋대로 정하는 독점 가격이 아니라면, 10채를 가진 1명이 9채를 매각해도 가격 하락은 크지 않을 것이다. 수요자가 훨씬 많기 때문이다. 결국 그 가격에 아파트를 살 만한 재산이 있는 가구가 그 아파트를 사게 된다.

하지만 이 경우 20억짜리 아파트 10채를 가진 1명이 악惡이라면, 20억짜리 아파트 1채를 가진 10명은 선善이라 말할 수 있을까? 그 아파트를 구매할 수 없었던 나머지 90명에게는 저 10명도 악이 될 수밖에 없는 것 아닌가? 서울 아파트를 전 국민이 나누어 가질 수 없는 한, 결국 서울 아파트 소유자는 전국의 나머지 가구에게 악이 된다.

부동산 죄악세는 죄가 될 수 없는 것을 '억울-남탓'의 프레임으로 죄로 만든 것이다. 참고로 2015년 박근혜 정부에서 담배 세금을 대폭 인상했을 때 흡연자들은 불만이 있어도 대놓고 드러낼 수 없었다. 담배에 죄악세를 매기는 것 자체에는 동의했기 때문이다. 하지만 부동산 세금은 담뱃세와 사정이 다르다. 죄악이 아닌데 죄로 몰려다 보니 내는 사람은 불만이었고, 내지 않는 사람도 불안했다. 결국 여당이었던 민주당은 4년 동안 세율을 올렸다 내렸다, 범위를 넓혔다 좁혔다 하면서 누더기 정책을 만들었다. 여론도 싸늘했다. 게다가 효과도 그다지 없었다. 폭탄 세금을 부과할 것이라 옥박질렀던 민주당은 대통령 선거가 다가오자 세금이 주택 가격 하락에 영향이 별로 없다며 꼬리를 내리기도 했다.

'억울-남탓'의 경제정책은 문제를 해결하는 게 아니다. 분노한 대중을 정치적으로 동원하는 데 주목할 뿐이다. 복잡한 문제를 복잡하다고 인정하고 사회적 논의와 조정을 거치는 건 지난한 일이다. 중간에 욕먹는 일도 많다. 선거에 도움도 되지 않는다. 간단하게 여론을 동원하는 게 차라리 쉽다. '억울-남탓'의 프레임은 복잡한 관계를 단순한 선악 구도로 바꿔 버린다. 하지만 이런 정책은 제대로 작동하기 어렵고, 긍정적 효과를 내지도 못한다.

'착한 적자'는 없다

'억울-남탓'의 경제학은 응용도 가능하다. 논리학에서는 어떤 명제가 참이면 그 대우도 참이 된다. 즉 'a이면 b이다'라는 명제가 참이면, 'b가 아니면 a가 아니다'도 참이 된다. 이 논리학을 응용하는 것이다. 그렇다면 '억울하면 남탓이다'의 대우는 어떨까? '누구의 탓도 아니면 모두가 행복하다'일 것이다. '억울-남탓'의 포퓰리즘 경제정책은 그 대우를 정책으로 응용한다. 누구도 책임지지 않으면서 모두가 혜택을 얻는 정책을 만들려 하기 때문이다. 물론 앞서 봤듯 인풋 없는 아웃풋은 불가능하다. 만약 이런 정책이 실제로 작동한다면, 인풋에 무엇인가를 몰래 넣었기 때문일 것이다.

무한동력기관 같은 행복 제조기의 숨겨진 인풋은 국가의 빚이다. 정부가 세금으로 거둔 것보다 지출을 더 많이 하는 것이다. 정부는 여론의 지지를 얻기 위해 현금이든 복지든 대중에게 충분히 제공하고 싶어 한다. 그런데 "죽어야 끝나는 게 세금"이라는 말이 있듯, 세금 내는 걸 좋아하는 사람은 없다. 여론을 절대적 기준으로 삼는 정치인들에게 증세는 피하고 싶은 선택지다. 그래서 이때 빚으로 정부 지출을 늘리는 방법이 사용된다.

정부 빚은 개인의 빚과 약간 다르다. 개인은 돈을 빌리면 어떻게든 갚아야 한다. 갚지 못하면 담보로 제공한 재산이 압류되거나 보증을 선 가족 또는 친구가 갚아야 한다. 빚은 개인에게 무한 책임이다. 하지만 정부는 다르다. 정부는 국채를 발행하는 방법으로 빚을 낼 수 있다. 국채란 정부가 만기일에 약속한 금액을 주는 빚 증서다. 만기는 짧으면 3년, 길면 30년이다. 게다가 정부는 국채 상환에 필요한 현금을 새로운 국채를 발행해 조달할 수 있다. 이런 식으로 정부는 빚을 내는 시점과 실제 갚는 시점을 상당히 길게 떨어뜨려 놓는다. 그래서 국채는 현재 세대의 지출을 미래 세대가 부담하도록 만드는 수단이 된다.

개인들은 자식에게 빚을 남기고 싶어 하지 않는다. 어느 부모가 재산을 남기고 싶지 빚을 남기고 싶겠는가. 하지만 정부로 가면 이런 상황은 뒤집힌다. 다음 세대로 빚을 떠넘기는 걸 각종 이유로 정당화할 수 있어서다. '미래를 위한 적자', '착한 적자' 같은 말이 대표적이다. 지금 빚을 내서 복지를 늘리고 성장 동력을 마련하는 게 미래 세대에 도움이 된다는 논리다. 현재 세대에는 증세의 고통을 없애고 미래 세대에는 성장의 풍요를 안겨주니, 정부 빚은 꿩 먹고 알 먹고, 도랑 치고 게 잡는 선택이다.

여론의 지지를 앞세우는 정치인들에게는 이런 재정 적자의 마법이 필수적이다. 포퓰리즘으로 분류되는 정치 세력이 집권하면 정부 빚이 더 빠르게 증가한다는 사실은 잘 알려져 있다. 예로 비슷한 복지 수준을 누리더라도 포퓰리즘 정치로 유명한 이탈리아나 그리스는 네덜란드, 스웨덴 같은 북유럽 복지국가보다 정부 빚이 월등히 많다. 한국의 문재인 정부도 포퓰리즘 정책으로 정부 빚을 빠르게 늘린 사례다. GDP 대비 국가채무 비율은 전임 두 정부 9년간 약 9%p 증가했는데, 문재인 정부에서는 단 4년 동안 약 11%p가 증가했다. 빚이 늘어나는 속도가 세 배 가까이 빨라졌다.

그런데 이렇게 정부 빚이 빠르게 늘어나도 괜찮을까? 정말로 정부 빚은 미래 지향적이며 착하기까지 한, 마법 같은 정책 수단일까? 적자 재정에 관한 이론을 통해 답을 찾아보자.

적자 재정의 경제학적 근거는 케인스주의다. 20세기 초 케인스는 경기가 좋았다 나빴다 하는 이유와, 종종 불황이 길어지는 현상에 주목했다. 그의 분석에 따르면 경기가 나빠지는 원인은 현금으로 측정되는 임금(명목임금)이 하락해야 할 때 하락하지 않아서다(하방경직성). 임금이 높아 고용이 줄고, 고용이 줄어서 소비가 감소해 경기가 하강한다. 이때 경기 하강은 기업가의 반응 탓에 더 심화한다. 기업가들이 경기를 비관하면서 투자를 줄이고 현금을 늘리기 때문이다. 이는 고용 감소, 생산 감소라는 악순환을 일으킨다. 그 결과 경기는 일시적 하강을 넘어 심각한 침체로 접어든다.

케인스는 침체 기간을 단축하려면 다음과 같은 조치가 필요하다고 주장했다. 우선, 정부가 직접 투자에 나서 기업가의 불안 심리를 완화해야 한다. 동시에 금융을 규제해서 실물 투자에 쓰일 자금이 투기로 빠지는 걸 억제해야 한다. 또한 적당한 인플레이션으로 임금의 실질 가치를 하락시키면서, 동시에 소비가 감소하는 부작용을 완화하기 위해 정부가 복지를 제공해야 한다. 그런데 이렇게 정부가 직접 투자에 나서고 복지를 제공하면 재정 적자가 커진다. 하지만 이 적자는 침체 기간을 줄여서 얻는 활황으로 상쇄된다. 활황 시기에는 세금을 더 많이 걷을 수 있다.

케인스주의 재정 정책은 효과가 있긴 하다. 단, 전제가 하나 있다. 침체가 경제 성장의 원동력과 연결된 것이 아니어야 한다는 점이다. 케인스의 아이디어는 생산성이나 인구 같은 경제 성장의 원동력이 건실한 조건을 전제한다. 시장의 불균형이 커지는 걸 막는다면 경제가 곧바로 성장을 재개한다는 이야기니 말이다. 비유하자면, 엔진은 좋은데 변속기나 타이어가 이상해져서 자동차가 제 속도를 내지 못할 때 수리하는 방법이 케인스주의다. 그런데 만약 자동차 엔진에 문제가 있다면 변속기나 타이어를 수리한다고 해서 자동차가 속도를 낼 수 있을까?

케인스주의 정책은 생산성, 인구 같은 경제 성장의 엔진에 문제가 있을 때는 효과를 내지 못한다. 역사적 사례로 이를 확인해 보자. 1950~1960년대 세계 경제는 케인스주의 전성시대였다. 그런데 1970년대부터 경제침체가 시작됐다. 선진국의 노동생산성 상승과 인구증가 속도가 크게 둔화한 조건에서, 일본과 유럽이 미국을 추격하며 국제 경쟁이 과열되었다. 동시에 미국의 베트남전 패전과 오일쇼크 등으로 국제 관계도 매우 불안정했다. 비유하자면 기저질환이 있는 상태에서 감염병에 걸린 것이다. 그렇다면 이 시기 케인스주의 적자 재정은 어떤 효과를 냈을까? 경제침체와 인플레이션이 동시에 발생하는 스태그플레이션이었다. 생산성과 수익률이 계속 하락하니 정부가 앞장서도 기업가의 투자 의욕이 살아나지 않았다. 이런 상태에서 정부가 시장에 돈을 풀어대니 인플레이션만 발생했다. 1970년대 내내 생산성 상승이 둔화했고, 물가가 올랐으며, 정부 적자는 더 커졌다.

1980년대부터 세계적 경제정책의 표준이 된 신자유주의는 케인스주의 처방의 결함을 해결하는 게 목표였다. 정부는 수익성을 최우선으로 하는 금융기관들이 저생산성 기업을 마음껏 정리할 수 있도록 금융 규제를 철폐했다. 세계화를 통해 경쟁 압력도 높였고, 노동 관련법을 개정해 노동자의 조직된 힘도 약화시켰다. 그리고 정부 재정의 수입지출 균형, 3% 이내의 인플레이션 같은 재정과 통화 정책의 철칙도 세웠다. 이런 신자유주의 정책은 1970년대의 스태그플레이션을 수습하는 데 어느 정도는 성공했다. 그리고 1980년대 중반 이후부터 선진국 경제는 그럭저럭 성장을 재개할 수 있었다. 그렇다면 2020년대의 문재인 정부는 어땠을까?

위와 같은 케인스주의의 시대적 결함을 고려하면, 문재인 정부의 채무 급증은 착한 적자와 거리가 멀다. 생산성 상승 둔화로 인한 저성장, 저출산으로 인한 인구감소와 고령화는 누구나 인정하는 2020년대의 한국경제 모습이다. 세계 주요 경제기관은 한국의 잠재성장률을 2020년대는 2% 내외, 2030년대는 1% 내외로 예측한다. 이런 잠재성장률 하락은 단기간에 반등하기 어렵다. 경제 체질을 장기간에 걸쳐 바꿔야 한다. 이런 조건에서 대규모 재정 적자는 앞서 본 1970년대 선진국 경제와 비슷한 효과를 낼 가능성이 크다.

더군다나 한국에는 숨겨진 빚더미 시한폭탄이 있다는 점도 고려해야 한다. 고령화로 인한 사회보험 적자가 그것이다. 지금까지 국민연금은 수입이 지출보다 많았지만, 20~30년 후에는 빠르게 지출이 수입보다 커진다. 기금 자체가 시쳇말로 '순삭'된다. 그리고 후에 천문학적 적자가 이어진다. 국민연금의 설계 자체가 이렇게 되어 있다. 고령화로 인해 다른 복지지출이 늘어나는 것까지 고려하면, 한국 정부의 채무 증가 속도는 앞으로 더 빨라질 수밖에 없다.

문재인 정부도 이런 우려를 모르지 않았다. 다만, 정부 빚이 늘어나는 것보다 여론의 지지가 더 중요하다고 판단했을 뿐이다. 이런 상황에서 재정 적자는 착한 적자로 프레이밍되었다. 정부 빚은 지금 당장 선거에 영향을 미치지 않는 30~40년 후의 20~60세, 즉 현재 태어나지도 않은 아이들과 투표권이 없는 청소년이 짊어질 몫이다.

일부 지식인들은 한국 정부의 채무 비율이 그다지 높지 않다는 주장을 하기도 한다. 2021년 한국 정부의 채무 비율은 약 50%였는데, 선진국(상위 40개국) 평균은 약 120%라는 게 근거다. 숫자만 보면 이들의 이야기가 맞는 것처럼 보인다. 하지만 역시 악마는 디테일에 숨어 있는 법. 디테일에 숨은 악마는 둘이다.

첫째, 한국이 비교할 대상은 선진국 전체가 아니다. 선진국 중 세계에서 통용되는 화폐를 사용하는 나라(기축통화국)를 제외해야 한다. 달러, 유로, 파운드, 엔화로 표시된 자산은 세계 모든 나라 금융기관이 구매한다. 현금화하면 국제 결제에 사용할 수 있어서다. 이는 정부가 자국 화폐로 국채를 발행하기 쉽다는 의미이기도 하다. 하지만 세계에서 통용되지 않는 화폐를 사용하는 나라는 사정이 다르다. 자국 화폐로 표시된 국채를 발행하는 데 제약이 더 많다. 기축통화국과 비기축통화국 사이에 정부 채무 상한선이 다르다는 건 경제학에서 정형화된 사실로 인정받는다. 그렇다면, 기축통화국을 제외하면 채무 비율은 얼마나 될까? 북유럽 국가들, 대만, 한국 등만 포함한 선진국의 평균 채무 비율은 약 50%다.[25] 한국은 딱 평균에 걸려 있다. 수출 제조업 국가이면서 기축통화국이 아닌 스웨덴은 2021년 채무 비율이 약 40%였다. 사정이 비슷한 대만도 약 30%였다. 한국보다 월등히 낮다.

둘째, 채무 증가의 속도가 중요하다. 정부가 빚을 내기 위해 국채를 발행하면, 이 국채는 민간에서 구매해야 한다. 정부 빚은 국민이 저축한 현금을 빌려오는 것이다. 그래서 국채를 많이 발행하려면, 국민 저축이 늘어나야 한다. 그런데 국민 저축은 경제가 성장해야 늘어난다. 만약 국민 소득보다 국채 발행이 더 빨리 증가하면, 저축된 자금을 먼저 사용하기 위해 정부, 기업, 가계가 경쟁할 수밖에 없다. 금리가 오르고, 정부의 이자 부담도 커진다. 더욱이 채무가 너무 빠르게 늘어나 정부에 대한 신뢰가 떨어지면, 부자들이 안전 자산을 찾아 해외로 자금을 옮길 수 있다. 이것이 남미에서 국가 부도가 빈번하게 발생하는 이유다. IMF에 따르면, 한국은 2021년 기준 과거 5년간 정부 채무 증가 속도가 선진국에서 최상위권이었다. 2021년 이후 5년간은 1위일 것으로 예상된다.[26] 위에서 언급했던 스웨덴과 대만은 최근 5년간 채무 비율이 하락했고, 앞으로도 크게 상승하지 않을 것으로 보인다.

상황이 이런데도 문재인 정부는 재정을 사용하는 데 거침이 없었다. 재정의 한계를 정해두고 재정지출의 효과를 극대화하는 게 아니라, 재정의 한계는 없다는 전제 아래 여론이 원하면 얼마든지 돈을 푼다는 식이었다. 단적인 사례가 '전국민재난지원금'이다. 코로나19 거리두기로 막대한 피해를 본 시민을 돕는 건 정부의 당연한 역할이다. 방역이라는 공익을 위해서 상업적 손해라는 사적 비용을 지출했으니, 정부의 보상은 정당한 방역 비용의 한 부분이다. 하지만 거리두기 피해가 없고, 심지어 이득을 본 사람들에게까지 '전 국민'이라는 명분을 붙여 재정을 지출하는 건 명분도 근거도 없다. 더욱이 이 지원금은 총선을 앞두고 결정됐다. 보기에 따라서는 선거 득표를 노린 매표 행위라 평가받을 수도 있었다. 심지어 전국민재난지원금을 아예 기본소득이라는 이름으로 평시에도 주기적으로 시행하자는 제안도 나왔다. 필요한 수백조 원의 재정에 대해서는 뚜렷한 대책도 없이 말이다.

이렇게 불어난 정부 빚은 다음 세대 시민의 부담이다. 막무가내 재정 적자는 다음 세대에 대한 명확한 불의不義다. 정부 빚이 경제 성장을 앞지른다면 나라 경제를 위태롭게 만들 수도 있다. 정부 채무의 수준과 속도에는 객관적 한계가 있다. 하지만 여론이 곧 민주주의라 확신하는 정치 세력은 눈앞의 불만을 해결하느라 정부 빚을 무분별하게 늘린다. 민주주의를 현재 유권자의 여론으로만 이해하면, 다음 세대를 착취하는 현재 세대의 정의롭지 못한 행동도 얼마든지 합리화될 수 있다.

타락한 민주주의의 악영향

요약해보자. 여론의 지배를 받는 정부는 경제정책에서 치명적 문제를 일으킨다. 첫째, 여론이 과학에 앞선다는 믿음으로 현실에서 작동할 수 없는 정책을 밀어붙인다. 둘째, 복잡한 이해관계를 조정하기보다 '억울-남탓'의 프레임으로 대중의 분노를 정치적으로 동원하려고 한다. 셋째, 현재 유권자를 만족시키기 위해 다음 세대를 착취하는 정부 빚을 무분별하게 늘린다.

경제학에 반대에는 행동을 민주주의라고 착각하면, 장기적 경제 성장에도 치명적인 문제가 발행한다는 사실을 잊지 말아야 한다.

1800년 이전의 인류사를 보면, 장기적 1인당 성장률이 제로에 가까웠다. 물론 장기 성장률이 제로인 것이 풍요를 한 번도 경험하지 못했다는 의미는 아니다. 제로 성장률은 소득이 늘어난 시기와 줄어든 시기가 서로 상쇄된 결과다. 그렇다면 지속적 경제 성장은 어떻게 가능할까? 답은 단순하다. 마이너스 성장 시기를 줄이면 된다.

오른쪽의 도표를 보자. 1인당 소득 2만 달러(2000년 기준) 미만인 저소득 국가들은 플러스 성장률을 기록한 기간이 고소득 국가들보다 짧다. 다시 말해, 마이너스 성장률을 기록한 기간이 길다. 저소득 국가의 플러스 성장 시기 평균 성장률은 고소득 국가보다 오히려 높았다. 하지만 문제는 저소득 국가의 마이너스 성장 시기 침체가 고소득 국가보다 월등히 심각했다는 점이다. 요컨대 국민경제가 성장하지 못하는 원인은, 경제위기를 더 짧고 덜 심각하게 만드는 데 실패했기 때문이다.

경제성장 패턴의 비교

1인당 GDP (2000년 기준)	국가 수	세계 인구에서 차지하는 비중	관측된 연도의 수	경제성장률이 플러스인 해의 비중	경제성장률이 플러스였던 해의 평균 성장률	경제성장률이 마이너스였던 해의 평균 성장률
< $20,000	153	87%	5,678	66%	5.35%	-4.88%
> $20,000 (산유국 제외)	27	13%	1,336	84%	3.88%	-2.33%

※ 출처: Douglass C. North, John Joseph Wallis, Barry R. Weingast, 2009, 《Violence and Social Orders》.

그렇다면 왜 저소득 국가들은 경제위기 관리에 실패했을까? 시장 경제에서 성장은 민간이 담당한다. 하지만 시장은 여러 이유로 종종 실패한다. 선진국이든 후진국이든 마찬가지다. 그런데 시장 실패에 대처하는 정부 역량에는 차이가 크다. 정부마저 실패하면 시장의 실패는 수습되기 어려운데, 후진국은 시장의 실패 이상으로 정부가 자주 실패한다. 여기서 정부 실패란 정부의 잘못된 결정으로 큰 피해가 발생하고, 정부가 부패하여 자원이 낭비되는 상황을 지칭한다.

그러면 정부는 왜 잘못된 결정을 반복하고, 부패하는가? 한 가지 이유는 2장에서 이미 살펴봤다. 바로 정경유착이다. 정부 권력이 소수에게 집중되면, 기업이 쉽게 정부를 금권으로 포획한다. 정부 자원이 낭비되며 경제 제도가 공정하지 못하게 운영된다. 일관성 없는 제도와 경제적 자원 낭비가 시장 실패를 키운다.

다른 이유는 이번 장에서 살펴본 것이다. 타락한 민주주의는 즉흥적 여론만 고려하면서 잘못된 경제정책을 밀고 나가고, 곡학아세로 대중을 경제학적 무지 상태로 밀어 넣는다. 정부의 선동으로 시민의 공론장이 억압받고 왜곡되면, 민간이 정부 실패를 사전에 경고하기도 어렵다. 게다가 포퓰리즘 정치는 정책에 대한 논쟁도 아군과 적군으로 나눠 버린다. 정부 실패 조짐이 보이면 곧바로 민간이 반응해야 하지만, 여론으로 과학을 억압하고, 상대편을 탓하며 억울함을 호소하고, 정부 재정으로 문제를 덮어버리는 분위기가 팽배할 때, 이는 쉽지 않은 일이 된다.

4장

역사에 복수하는 정치

우리가 어디에서 왔다는 믿음(역사관)은 우리가 어디로 가야 한다는 믿음과 연결된다. 한국의 민주주의에서는 '역사 전쟁'이라는 말이 나올 정도로, 역사관이 현실 정치에 미친 영향력이 컸다. 주도권은 진보 쪽에 있었다. 친일 잔재의 계승자가 보수이며, 이 보수를 청산해야 민주주의가 완성된다는 반(反)보수 역사관이 진보진영의 정체성이다. 그런데 과연 이런 역사관이 객관적으로 타당할까? 문재인 정부가 보여준 역사관의 외교 정책화는 과연 한국 민주주의에 긍정적 영향을 미쳤을까?

인간에게는 과거의 기억을 일반화해 미래를 예측하는 능력이 있다. 현대 뇌과학은 이것이 인간 두뇌의 중요한 진화였다고 설명한다. 인간이 다른 동물보다 우월한 이유가, 살면서 겪는 경험을 해석해 나 자신과 세상에 관한 어떤 법칙을 발견하는 능력 덕분이라는 것이다. 그렇다면 인간들이 모여 있는 사회는 어떨까? 비슷하다. 사회의 변천이나 흥망성쇠를 기록한 것을 역사라 부르는데, 우리는 이 역사를 해석해 미래를 예측한다. 우리가 어디선가 왔다는 믿음은, 우리가 어디론가 가고 있다는 믿음과 밀접하게 연결된다.[27] 한국 사회에서도 우리가 어디선가 왔다는 역사관이 우리가 어디론가 가고 있다는 미래 지향에 큰 영향을 미치고 있다.

문재인 정부 5년은 역사관과 정치적 지향의 관계가 그 어느 때보다 분명하게 드러난 시기였다. 여당 정치인과 지지자들은 정치 갈등이 불거질 때마다 소위 '토착왜구(친일파)'론으로 불리는 친일파 논쟁을 꺼냈다. 친일파 탓에 해방 이후 독재와 분단이 이어졌고, 현재도 그 친일파가 보수 세력의 뿌리가 되어 민주화 개혁을 방해한다는 게 토착왜구론의 요지다.

그런데 과연 이런 역사관이 타당할까? 또 자유와 풍요를 지향하는 민주주의에는 어떤 영향을 미칠까? 과거는 확정되어 있는데, 미래는 그렇지 않다. 그래서 역사만큼 미래 지향을 둘러싼 논쟁에 효과적인 수단이 없다. 역사 논쟁은 우리가 지향하고자 하는 미래에 대한 논쟁이기도 하다. 나는 이번 장에서 문재인 정부와 친민주당 지식인의 역사관을 살펴보며, 한국 민주주의의 지향에 관해 이야기해볼 것이다.

민주주의를
왜곡하는 분단체제론

민주주의는 그 시작부터 역사관과 밀접한 관계가 있었다. 폴리비오스가 쓴 《역사》는 영국 입헌군주제의 이론적 배경이 된 존 로크의 《정부론》, 삼권 분립 이론으로 유명한 몽테스키외의 《법의 정신》 그리고 현대적 헌법의 표준이 된 미국 헌법에 큰 영향을 미쳤다. 《역사》는 로마공화정(기원전 500년 ~ 기원전 50년)의 흥망성쇠 역사를 다룬 책이다. 2000년 전 역사에 대한 해석이 근대 민주주의 이론의 기초였다.

서유럽 민주주의가 지속해서 발전한 것도 역사 이론에 영향을 받은 바가 컸다. 19세기 서유럽에서는 인간 사회가 필연적으로 나아진다는 진보주의 역사관이 널리 받아들여졌다. 다윈 진화론의 영향이었다. 진보주의에 따르면, 영국과 미국의 발전은 인류 진화의 결과다. 영국과 미국의 발전을 따라가야 진화를 거스르지 않는 것이다. 서유럽 여러 나라에서 민주주의가 빠르게 퍼져나갈 수 있었던 건 자연의 진화로 인간 사회의 진보를 해석한 역사관의 영향이 컸다. 그러면 우리나라에서는 어땠을까? 한국에서는 어떤 역사관이 민주주의 발전에 영향을 미쳤을까?

문재인 정부의 핵심 인사들은 꽤 확고한 역사관을 가지고 있다. 재야로 불린 민주당 친화적 지식인과 1980년대 학생운동 주류가 수용한 역사관인 소위 '분단체제론'이 그것이다. 분단체제론의 원조라 할 강만길 교수는 "우리 민족사 인식에서 가장 큰 문제는 왜 분단되었는가 그 원인을 찾는 일"이라고 주장한다. 그리고 분단이 지속된 이유를 친일파에서 출발해 군부 독재 시절에 세력을 키운 반反통일 보수 세력에서 찾는다. 그는 "민주주의 발전과 통일문제의 진전"을 함께 고려해야 한다고 이야기한다.[28] 문재인 정부가 왜 강경한 대일본 외교, 친일잔재 청산, 대북 관계 개선 등을 일관되게 추진했는지 엿볼 수 있는 대목이다.

분단체제론을 대중화하는 데 큰 역할을 한 백낙청 교수는 '촛불혁명'과 문재인 정부 출범의 의미를 다음과 같이 설명한다. 한국전쟁 이후 성립된 분단체제에서는 일제 잔재가 체제구성의 주요한 요소였다. 친일파는 반공주의로 자신들의 친일 행적을 덮고 독재를 이어갔다. 친일잔재는 보수 세력을 통해, 인적·물적·사상적으로 현재까지 이어진다. 촛불혁명으로 출범한 문재인 정부는 친일잔재 청산을 선포했고, 북한에 진취적 자세로 접근했다. 시대적 과제에 부응한 것이다. 그런데 친일잔재를 대거 함유한 수구 정당과 분단 기득권 세력은 촛불혁명으로 정권을 빼앗긴 뒤 반격을 가하고 있다. 조국 법무부 장관 지명 방해가 대표적 사례다.[29]

분단체제론은 선악 구별이 굉장히 명확하다. 사회과학에서는 보기 드문 논리다. 보수 세력의 뿌리는 친일파이고, 이들은 분단으로 기득권을 누렸으며, 독재를 선호한다. 진보 세력의 뿌리는 독립운동이고, 이들은 통일을 추구하며, 민주화를 원칙으로 삼는다.

이런 역사관에서는 한국 민주주의가 나아갈 방향도 명확히 정해져 있다. 첫째, 친일잔재인 보수 세력을 청산하는 것이다. 민주당 정치인들이 시도 때도 없이 반대세력을 토착왜구로 낙인찍는 이유가 이와 같다. 둘째, 남북통일을 이루는 것이다. 문재인 정부가 주변국 우려에도 북한 정권에 우호적인 제안을 반복해 던진 이유라 하겠다.

그런데 분단체제론의 민주주의에는 딜레마가 몇 가지 있다. 우선 야당(국민의힘)으로 정권이 교체되면 이는 곧 친일파가 집권하는 셈이니, 항일독립운동의 후예가 새 정부를 인정하기 어렵다는 점이다. 선거 민주주의의 기본인 정치적 다원성이 부정된다. 다음으로, 통일을 한다면 군주정에 가까운 북한 정권과 외교적 관계 이상의 정부 연합을 만들어야 한다는 점이다. 하지만 민주주의가 일부는 민주정으로, 일부는 군주정으로 운영될 수는 없는 노릇이다. 과연 분단체제론의 민주주의는 현실에서 실현될 수 있을까? 아니, 민주주의라 부를 수는 있을까? 분단체제론의 한국 근현대사 해석이 맞는지부터 살펴보자.

경제사 없는 민족사

'나무를 보지 말고 숲을 보라.' 작은 부분만 보다 보면 전체 맥락을 보지 못할 수 있으니 주의하라는 뜻이다. 이 경구는 과학적으로도 근거가 있다. 숲이 어떤 기후에서 얼마나 오랫동안 형성됐는지에 따라 나무의 크기와 종류가 결정된다. 숲의 생태계와 어울리지 않는 나무는 우연히 자랐다 해도 번식이 쉽지 않다. 숲을 봐야 나무도 알 수 있다. 분단체제론의 치명적 결함은 이 경구의 의미와 상통한다. 세계라는 숲을 보지 않고, 한반도 내부 정세에만 몰입하기 때문이다.

19세기 한반도는 러시아의 남하, 일본의 팽창, 중국의 반+식민지화라는 제국주의적 경쟁의 한복판에 있었다. 20세기 한반도는 냉전(미국과 소련의 체제 우열 경쟁)이 어떻게 열전(물리적 폭력이 동반되는 전쟁)으로 비화할 수 있는지 보여준 비극의 장소였다.

그리고 지금 21세기 한반도는 미·중 패권의 경제적, 지리적 각축장인 동아시아 한복판에 있다. 한국의 20세기 초반의 식민화, 20세기 중후반의 민주화, 21세기의 세계화는 이런 세계정세와 깊게 관련되어 있다. 한국은 지리적으로 보나 상황적 역할로 보나, 그 어떤 나라보다 세계정세의 변화에 크게 영향을 받는다. 내부 사정보다 세계의 변화가 더 결정적일 때도 많았다. 먼저 분단체제론의 시작점인 식민지 시대부터 검토해 보자.

19세기 말 조선 상황은 말 그대로 '막장'이었다. 식량 생산이 인구를 감당하지 못해 인구 다수가 기아에 허덕였고, 영양 상태가 좋지 않다 보니 결혼 때까지 살아남는 사람이 태어난 사람의 절반도 되지 않았다.[30] 정부 재정도 엉망이었다. 특정 가문이 조정을 쥐고 흔드는 세도정치가 이어졌고, 세금징수를 빙자해 사재를 채우는 지방 관리의 부패도 만연했다. 대지주들은 인근 토지를 합병해 더 거대해졌고, 농민과 몰락한 양반들이 죽기 아니면 까무러치기 심정으로 민란도 여럿 일으켰다. 이런 와중에 먼저 근대화 개혁에 착수한 일본에 의해 강제로 개항이 이뤄졌다. 기아, 부패, 재정 붕괴, 농민 반란, 거기에 외세의 위협까지, 조선 말 상황은 전형적으로 봉건 왕조가 몰락하는 모습이었다. 그렇다면 이 시기에 세계는 어땠을까?

19세기 세계는 영국 주도의 제국주의 시대였다. 영국 제국주의는 영토와 노예 획득에만 관심을 둔 근대 이전 제국과 달랐다. 정치적 종속을 이용해 무역 이득을 챙기는 것이 핵심이었기 때문이다. 예로 19세기 중반 이전까지 인도를 지배한 건 영국 정부가 아니라 인도 무역의 독점권을 가진 동인도회사였다. 군복 입은 상인이 영국 제국주의의 상징이었다. 19세기 중반까지 영국은 기계로 생산한 제조품을 수출했고, 천연자원, 사치품, 곡물 등을 수입했다.[31] 제국과 식민지 사이 무역 거래는 당연히 공정하지 않았다. 제국은 비싸게 자국의 제품을 수출했던 반면, 식민지는 싸게 자원을 수출할 수밖에 없었다. 식민지는 생산성 격차를 조정하기 위한 관세 장벽이나, 유치산업 육성을 위한 정책 자금을 사용할 수 없었다. 19세기 제국주의는 자유무역의 이득을 독차지하기 위해 경제 외적 힘으로 식민지의 생산성 추격을 방해했다.

영국 제국주의의 또 다른 특징은 자본수출이었다.[32] 19세기 말부터 독일과 미국의 제조업이 빠르게 성장하면서 영국 제조업의 수익률이 크게 낮아졌다. 이때부터 영국 자본은 국내 실물 투자보다 다른 나라에 금융 투자를 하는 데 더 관심을 기울였다. 영국의 금융 자본은 산업화 자금이 필요했던 유럽 정부들과, 각종 비용을 제국에 지불하던 식민지 정부들을 상대로 사업을 확대하여 막대한 이자·배당 수입을 거뒀다. 예로 일본은 러일전쟁을 벌이기 위해 영국에서 막대한 금융 투자를 유치했다.

19세기의 영국 모델은 독일, 프랑스를 비롯해 일본 같은 후발 제국주의 국가의 벤치마킹 대상이었다. 헌법과 의회를 핵심으로 하는 정치

제도, 제조업 투자와 식민지를 상대로 한 불평등한 무역은 20세기 초의 선진국 표준이었다. 다만, 나라마다 그 표준을 적용하는 데는 여러 제약이 있었다. 특히 자유민주주의 정부를 만드는 데 각국이 곤란을 크게 겪었다.

프랑스에서는 한 세기에 걸친 혁명과 반혁명으로 근대화에 어울리는 엘리트가 제대로 성장하지 못했다. 그 결과 전통적인 귀족과 금융가들이 경제를 주도했다. 이들이 자본수출로 얻은 이자 소득이 경제 성장의 핵심 동력이 되었다. 영국 부르주아의 모습이 공장을 운영하는 기업가였다면, 프랑스 부르주아의 모습은 채권 이자로 돈을 벌며 화려한 소비를 즐기는 귀족이었다. 세계 최초의 백화점도 영국이 아니라 프랑스에서 문을 열었다. 하지만 이런 지대 추구와 사치 소비가 지속적 경제 성장에 도움이 될 리 없었다. 실물 경제 발전이 정체되면서 19세기 말에는 1인당 소득이 독일에도 뒤처졌다. 그래서 프랑스는 경쟁력 열위를 해결하기 위해 다른 나라보다 더욱 가혹하게 식민지를 수탈했다. 심지어 제2차 세계대전 이후에도 가장 늦게까지 식민지를 유지하며 수탈했던 게 프랑스였다.

독일은 프로이센 주도로 주변 군소 국가들을 통일한 후에 입헌군주제를 시행했다. 다만 군주의 권력이 통제되지 않는, 무늬만 입헌군주제였다. 산업화는 군사 대국화를 목표로 정부가 주도했다. 거대 은행들은 제조업 기업을 지배하며 콘체른Konzern으로 불린 금융-산업 독점기업을 만들었다. 콘체른은 자금 동원력이 있었기 때문에 제조업의 국제경쟁력을 빠르게 키울 수 있었다. 1900년대까지 독일은 꽤 성공한 모델처럼 보였다. 하지만 입헌군주정을 제대로 만들지 못한 결과가 곧바로 나타났다. 통제받지 않는 황제는 유럽을 제패하겠다는 야욕을 가지고 세계대전을 일으켰다. 패전 후 독일은 군주정을 폐지하고 공화국을 건설했지만, 극도의 혼란과 민주주의 경험 부족으로 히틀러가 권력을 잡았다. 그리고 제2차 세계대전으로 쑥대밭이 되었다.

일본은 영국과 독일을 함께 벤치마킹한 독특한 사례였다. 일본은 내각제(1885년), 헌법(1889년), 정당정치(1900년), 의원내각제(1918년), 보통선거(1925년) 같은 영국적 경로를 충실하게 따랐다. 일본의 이런 정치적 근대화는 유럽 대륙의 강대국과 비교해봐도 훌륭했다. 메이지유신(1868년)부터 따져봐도 100년 혼란을 겪은 프랑스보다도 의원내각제까지 걸린 시간이 짧았다. 다만 한계도 분명했다. 일본이 제국이 되기 위해 독일과 비슷한 길을 선택했기 때문이다. 정부는 빠른 산업화를 위해 소수 기업에 정부 자산을 헐값에 매각했고, 이 기업들은 군부와 밀접한 관계를 유지하며 재벌로 성장했다. 제국주의 선봉에 선 군부의 정치적 개입도 상당했다.

그런데 정치에 개입하는 군부와 정경유착으로 성장한 재벌은 영국 모델에서 한참 벗어난 것이었다. 1, 2장에서 봤듯, 자유민주주의의 핵심은 문민정부의 합리적 통치와 공정한 시장 경쟁이다. 또한 3장에서 봤듯, 민주적 제도와 규범이 부족할 때 국민경제는 위기에 취약해진다. 일본은 메이지유신 이후 비약적으로 성장했고, 러일전쟁 승전 후에는 아시아의 신흥 제국으로 올라섰으며, 다이쇼 데모크라시로 불리는 진보의 시간도 거쳤다. 그러나 1920년대 말 세계 대공황이 발발하자 그 취약함이 곧바로 드러났다. 경제가 속절없이 추락하는 가운데 군부와 재벌은 위기를 중국에 대한 군사적 침략으로 해결하려 들었다. 천황과 군부가 주도한 정부는 비이성적 열광에 사로잡혀 태평양 전쟁까지 일으켰다.

일본의 식민지 정책은 영국보다 프랑스와 가까웠다. 영국의 식민지 정책은 무역에 방해되지 않는 한 식민지에 일정한 자치권을 보장하는 것이었다. 하지만 일본은 영국 같은 무역 경쟁력이 없었다. 식민지를 상대로 압도적 우위를 확보하지 못했고, 서유럽에 대해서는 계속해서 경쟁 열위 상태였다. 그래서 프랑스가 그러했듯, 일본도 식민지 약탈로 이를 보완하려 했다. 특히 1930년대 대공황 이후 일본은 정부 실패로 발생한 손실을 식민지에서 만회하려 들었고, 참혹한 만행이 식민지 곳곳에서 자행됐다. 그러면 세계의 이런 변화에 조선은 어떻게 대응했을까?

아시아든 유럽이든 자본주의 이전 체제에서는 지주가 소작농에게 지대를 걷으며,[33] 군주와 소수 엘리트가 그 지대를 공유하는 동맹을 맺는다. 그래서 농업 생산성 하락으로 지대가 충분히 걷히지 않으면 동맹 내부에 균열이 생길 수밖에 없다. 군주와 엘리트 간에 다툼이 생기면 정부가 위태로워진다. 봉건제하에서 동맹의 분열을 긍정적 방향으로 해결한 것이 바로 근대화 개혁이었다. 하지만 조선의 경우 지대 감소와 동맹 분열을 부정적 방향에서 해결한 사례였다. 상황은 전혀 개선되지 않았는데 적당한 타협으로 갈등을 뭉개놓고 버텼기 때문이다. 역설적이지만, 구체제를 유지하는 데 성공해 결과적으로 망국에 이른 셈이었다. 어떻게 이런 역설이 발생했을까?

시작은 18세기였다. 숙종, 영조, 정조 시대의 개혁은 왕권을 강화하고 신권을 약화했다. 그런데 결정적 문제가 있었다. 왕권을 강화하는 것이 정부를 강화하거나 통치 제도를 혁신하는 일은 아니었다는 점이다. 단적으로 그 시대에 정부 재정은 거의 나아지지 않았다.[34] 양안 사업(오늘날 식으로 말해 세무조사)조차 양반 지주들의 반발로 제대로 시행하지 못했다. 세입이 증가할 리 없었다. 18세기 개혁이란 실은 한양의 왕권 강화와 지방의 엘리트(양반 지주) 부패가 교환된 것에 불과했다. 이런 교환으로 체제는 어떻게든 유지했지만, 정부는 더욱 무능해질 수밖에 없었다. 정조 사후 세도정치가 극심해지며 한순간에 나라가 거덜

난 건 우연이 아니었다. 그리고 제국주의가 국제적 표준이 되었던 19세기에 이런 나라 꼴로 식민지 나락에서 벗어나긴 쉽지 않았다.

조선 말에 근대화 노력이 아예 없었던 건 아니다. 다만 모든 일이 그러하듯, 때를 놓친 노력은 허사가 된다. 중국은 1840년 아편전쟁 이후 양무운동(군사적 서구화)을 추진했으나 태평천국의 난으로 극도의 혼란 상태를 겪다가, 1898년 변법운동(정치적 서구화)에 실패해 결국 20세기 초 절반의 식민지로 추락했다. 반면 일본은 1854년 페리 원정으로 개항한 후에 곧바로 군사적 서구화를 시작해, 1868년 메이지유신으로 정치적 서구화까지 성공적으로 추구할 수 있었다. 조선의 경우 1876년 강화도조약으로 개항한 후에, 개혁파의 쿠데타 실패(갑신정변), 군사적 근대화의 부진(임오군란), 동학농민전쟁과 청일전쟁의 혼란, 갑오개혁 실패가 이어졌다. 군사적, 정치적 서구화에 모두 실패한 것이다. 냉정하게 말해 제국주의 세계정세에서 동아시아에 주어진 근대화의 시간은 1840년 아편전쟁부터 1904년 러일전쟁까지였다고 보아야 한다. 조선은 식민지로 가지 않을 수 있었던 이 시간을 놓쳤다.

분단체제론의 문제점은 이런 세계경제사의 조건과 조선의 실패를 일본 제국주의에 대한 도덕적 비난으로 대체한다는 점이다. 하지만 당대 제국주의는 도덕적 일탈이 아니었다. 국제 표준에 가까웠다. 19세기 자본주의는 체제 재생산을 위해 식민지가 필요했다. 또한 각 나라가 가졌던 결함으로 인해 전쟁을 피하기도 쉽지 않았다. 20세기 초 전쟁과 야만의 소용돌이가 제국은 물론이거니와 식민지들도 집어삼켰다. 조선도 그 비극의 한복판에 있었다. 세계 경제사를 고려하지 않는 민족사는 이러한 당대 사정을 도덕적 규탄으로 단순화하는 경향이 있다.

오늘날 관점에서 보면 19~20세기 초의 세계는 야만이었다. 하지만 그렇다고 오늘날 관점에서 과거를 비난하며 보복할 수는 없는 노릇이다. 하지만 분단체제론은 식민지 시대를 재해석해 분노감정을 끊임없이 소환한다. 그럼으로써 우리가 과거에서 얻어야 할 교훈에 대해 이성적으로 사고할 수 없도록 만든다. 비이성적 분노는 정치적으로도 악용된다. 이런 점에서 상대 진영에 대한 무기로 이용되는 민주주의는 과거사에 복수하는 역사관과 궁합이 잘 맞는다.

이제 식민지에서 해방된 이후를 살펴보자. 분단체제론의 핵심인 '분단'이 여기서부터 시작됐다.

냉전사 없는 현대사

인류 역사상 가장 거대했던 경쟁은 냉전cold war이었다. 냉전은 전통적 전쟁과 성격이 달랐다. 1940년대 후반부터 1980년대 후반까지 소련을 중심으로 한 사회주의 진영과 미국을 중심으로 한 자본주의 진영이 경제와 민주주의를 두고 체제 우열을 겨룬 것이기 때문이다. 이 체제 우열 경쟁에는 나름의 페어플레이 규칙도 있었다. 미국과 소련이 무력으로 맞붙지는 않는다는 것과, 핵무기로 상대방을 공격하지 않는다는 것이었다. 이 규칙은 서류로 작성된 건 아니다. 하지만 20세기 내내 그럭저럭 지켜졌다. 지금까지 인류가 지구에서 생존할 수 있었던 것도 이 규칙이 지켜진 덕분이다.

그렇다면 이 냉전은 한반도에 어떤 영향을 미쳤을까? 지금도 존재하는 냉전의 유산인 휴전선은 한국 민주주의에 어떤 변화를 촉발했을까? 분단체제론이 주장하는 것처럼 과연 이 분단이 한국 사회 변화의 핵심을 설명할 수 있을까? 냉전 시대라는 숲부터 관찰한 후에 한반도라는 나무를 분석해 보자.

냉전의 뿌리는 1917년 러시아의 사회주의 혁명이었다. 19세기 러시아는 차르로 불린 전제군주정을 고수하면서 프랑스에서 자금을 빌려 군사 대국화를 추진했다. 하지만 차르의 제국주의 팽창은 곧바로 실패했다. 정부는 1916년 즈음부터 사실상 기능 마비 상태에 빠졌고, 1917년 군사 반란과 혁명으로 붕괴했다. 이때 권력을 잡은 세력이 레닌이 이끌던 볼셰비키였다. 볼셰비키는 사적 소유 철폐와 소비에트로 불린 노동자·농민의 직접 민주주의를 정부 원리로 제시했다.

러시아의 새 정부는 시작부터 영국과 미국이 주도하던 자유주의 체제와 심한 갈등을 빚었다. 당대 자유주의는 사적 소유, 시장 경쟁, 대의 민주주의, 법의 지배 등을 지향했다. 하지만 러시아 사회주의는 공적 소유, 계획 경제, 직접 민주주의(소비에트), 노동자계급의 지배를 지향했다. 모든 게 상극이었다. 더군다나 유럽과 미국의 지도층은 국내 사정으로 인해 사회주의에 대해 극도로 민감했다. 전쟁과 연이은 공황으로 빈곤층이 급증한 탓이었다. 사실 레닌은 러시아혁명의 의미를 유럽 혁명의 불쏘시개로 생각하기도 했다. 마르크스주의는 "만국의 노동자여 단결하라!"라는 구호처럼, 국제적 연대와 세계 혁명을 강조하는 전통을 가지고 있다.

그러나 사회주의 혁명은 유럽으로 번지지 못했다. 유럽 지배층의 탄압도 원인이었지만, 무엇보다 러시아 사회주의가 유럽의 시민들에게 대안으로 인정받지 못한 까닭이었다. 1920~1930년대 러시아의 모습은 영국이나 미국과 비교해, 자유에 있어서나 풍요에 있어서나 더 낫다고 보기 어려웠다. 혁명 후 볼셰비키가 내세운 지향들이 현실에서 좋은 결과를 내지 못했기 때문이다.

'국유화 계획경제'는 공황과 빈곤을 양산하는 시장의 무질서한 경쟁을 해결하자는 대안이었다. 그런데 결과적으로 농촌집단화 사업(토지 국유화와 농업 계획화)에서 드러났듯 더 큰 혼란과 빈곤이 발생했다. 자그마치 800만 명 가까운 사람이 굶주림, 질병, 숙청으로 죽었다. 다음으로 '소비에트(노동자·농민의 직접 민주주의)'는 기득권 세력에게 일방적으로 유리한 형식적 민주주의의 대안이었다. 하지만 내전 이후 공산당은 소비에트를 강하게 통제하며 실질적 민주주의는커녕 형식적 민주주의만도 못한 독재를 자행했다. 마지막으로 '노동자계급의 지배'는 부르주아의 지배를 중립적으로 포장하는 법의 지배를 비판한 것이었다. 그러나 역시 결과는 참혹했다. 법 위에 공산당, 공산당 위에 스탈린이 있었기 때문이다. 스탈린에 협조하지 않는다는 이유로 100만 명 넘는 사람들이 강제수용소에 수감되거나 총살당했다.

소련(1922년 이후 러시아는 소비에트연합, 약칭 소련으로 이름을 바꿨다.)은 이런 혼란 속에서도 정부 주도로 빠르게 산업화를 이루었다. 경제 성장 국면 초기에는 계획경제가 어설픈 자유시장보다 효율적인 측면이 있다. 엉성한 시장은 효율적 자원 배분에 실패하는 경우가 더 많다. 어느 수준까지는 정부의 하향식 계획과 군대식 노동력 동원이 더 효과적일 수 있다. 1940년대 소련은 중화학공업 주도로 경제가 빠르게 성장했다. 농업도 집단농장의 혼란이 수습된 후에 대규모 기계화를 통해 회복됐다.

그런데 이런 와중에 독일이 유럽 대륙에서 전쟁을 일으켰다. 일본도 중국과 미국을 상대로 태평양 전쟁을 일으켰다. 스탈린은 과거의 차르와 달리 성공적으로 독일에 맞섰고, 태평양 전쟁이 끝나기 직전에 일본과 전쟁을 시작해 실리적 이익도 챙겼다. 1940년대 소련은 미국, 영국과 함께 가장 윗줄에 자리 잡은 승전국이 되었다. 레닌이 꿈꾸었던 자유주의 체제에 대한 도전 자격을 비로소 갖추었던 셈이다. 그렇다면 승전국 소련은 인류 문명을 새로운 단계로 이끌기 위한 세계 혁명으로 나아갔을까?

스탈린이 제2차 세계대전 종전 즈음 관심을 가진 건 무엇보다 소련 방어였다. 1930년대 이후 소련은 마르크스가 말했던 인류의 보편적 해방 프로젝트로서의 사회주의와 그다지 관계가 없었다. 겉으로는 온갖 혁명적 표현을 뿜어냈지만, 진짜 관심사는 미국과 영국으로부터 공산당 독재 하의 소련을 방어하는 것이었다. 부국강병만이 지상 최대의 관심사였다.[35] 독일 점령지역에 대한 전후 처리 과정에서 이런 의도는 노골적으로 표현됐다.

소련은 폴란드를 일찌감치 점령했다. 폴란드는 서유럽이 모스크바로 향하는 길목에 있다. 소련 당국은 폴란드의 비판적 지식인들을 각종 이유로 체포해 처형했으며, 영국 정부가 지지하던 망명정부도 무시했다. 이때가 1946년 초였다. 전문가들은 서유럽 냉전의 시작으로 이 폴란드 사태를 지목한다. 스탈린은 러시아와 서유럽 사이에 있는 여러 나라에서 비슷한 방식으로 친소련 정부를 세웠다. 헝가리에서는 파시스트와 연계를 수사한다며 선거에서 승리한 정당을 '줄줄이 소시지'처럼 엮어서 파괴했고, 체코에서는 친소련 세력이 선거에서 불리해 보이자 쿠데타를 지원했다.

서유럽과 모스크바 사이에 방파제를 쌓는 안보 정책은 미국이 핵무기를 개발한 후 더욱 강화됐다. 스탈린은 일본에 투하된 핵폭탄이 소련에 대한 예행연습이라고 생각했다. 여기에 더해 1947년부터 미국이 엄청난 규모의 자금을 유럽 복구 프로그램(마셜 플랜)에 투입하자, 스탈린의 경계심은 더욱 높아졌다. 재건 비용이 다급했던 동유럽 국가들도 관심을 가질 수밖에 없었기 때문이다. 하지만 러시아는 그만한 자금을 동원할 여유가 없었다. 스탈린은 같은 해 코민포름을 만들어 동유럽 공산당에 대한 통제 수위를 높였다.[36] 1949년 미국은 이런 러시아에 맞서 북대서양조약기구NATO로 불린 군사동맹을 결성했다.

유럽의 체제 경쟁에서 양 진영이 택한 방식에는 확연한 차이가 있었다. 미국은 서유럽의 경제 성장과 군사동맹을, 소련은 동유럽에 대한 직접적 통제와 러시아화(동화)를 추구했다. 사실 미국 진영의 우위는 분명했다. 1950~1960년대를 거치며 서유럽과 동유럽의 경제적 격차와 민주주의 수준이 비교가 안 될 정도로 벌어졌다. 소련의 방식으로는 미국을 이길 수가 없었다. 그럼에도 소련은 1980년대 말까지 냉전을 유지했다. 1949년 8월에 개발된 핵무기가 결정적이었다. 냉전은 이때부터 판정승이 불가했다. 한쪽이 망해야 끝나는 KO승만 남았다. 그러면 이 시기의 동아시아는 어땠을까?

유럽의 쟁점이 독일 점령지에 대한 복구였다면, 동아시아의 쟁점은 탈식민화였다. 일본만이 아니라 유럽의 제국들도 동아시아 여러 나라를 식민지로 가지고 있었기 때문이다. 패전국 일본의 식민지들은 자연스레 해방으로 이어졌다. 하지만 승전국 서유럽 국가들은 식민지를 쉽게 포기하려 들지 않았다. 영국은 홍콩을 다시 식민지로 점령했다. 네덜란드는 인도네시아에 10만 명 넘는 군대를 파병했다. 프랑스는

1945년부터 자그마치 10년 동안 베트남에서 전쟁을 치렀다.

세계대전 이후 패권국으로 발돋움한 미국은 식민지 유지에 비판적이었다. 미국이 구상하는 세계에는 식민지가 불필요했기 때문이다. 20세기 중반 미국은 세계적 경쟁력을 갖춘 대기업, 국내의 풍부한 자원 그리고 압도적 군사력을 보유하고 있었다. 세계는 미국의 영향력 아래서 효율적 분업 체계로 재조직되는 것이 나았다. 식민지 경쟁을 벌이는 영국식 제국주의는 그다지 효과적이지 않았다. 하지만 미국이 탈식민화 정책을 마냥 지지할 수는 없었다. 서유럽 국가들이 여전히 20세기 새로운 질서에 적응하지 못했고, 식민지 나라에서 사회주의 친화적이었던 민족해방 운동도 위력적이었기 때문이다.[37] 예로 미국은 사회주의 세력이 크지 않았던 인도네시아에서는 네덜란드의 철수를 압박했지만, 사회주의 세력이 다른 세력을 압도했던 베트남에서는 프랑스의 만행에 침묵했다.

한편, 스탈린의 영토 방어 정책은 동아시아에서도 비슷하게 실시됐다. 소련은 1945년 8월 초에 일본과 전쟁을 시작하며 시베리아의 접경 지역인 몽고, 만주, 사할린, 쿠릴열도를 점령했다. 소련군은 남쪽으로 계속 진군해 한반도 북단도 점령했다. 소련이 이렇게 빠르게 남하하자, 미국은 부랴부랴 협상을 시작했다. 미국은 북위 38도선을 기준으로 그 위쪽은 소련이, 그 아래쪽은 자신이 일본의 무장해제를 맡자고 제안했다. 참고로 이 38도선은 지정학적으로 유례가 있었다. 19세기 말 일본은 러시아의 남하를 견제하기 위한 하한선으로 한반도의 38도선을 지목했었다.

스탈린은 적어도 이때까지는 미국과 마찰을 원하지 않았다. 유럽에서 냉전이 시작되기 전이었기 때문이다. 그는 미국의 제안을 흔쾌히 수락했다. 더불어 소련은 친미적이었던 중국 국민당과 우호동맹조약을 체결했고, 중국공산당에 국민당과 연합정부를 꾸리라고 설득했다. 미국 역시 국민당과 공산당 사이에서 중재자를 자처하며 협상을 유도했다. 소련이나 미국이나 중국 대륙에서 직접 충돌하는 건 너무 위험하다고 판단했다. 양쪽은 중국을 완충 지역으로 만들고 싶어 했다.

하지만 국민당은 공산당과 권력을 분점할 생각이 없었다. 1946년 6월 공산당을 선제공격해 내전을 일으켰다. 하지만 부패에 찌든 국민당은 시간이 지나며 자멸했고, 공산당이 1949년 10월 승리했다. 스탈린은 전쟁의 승부가 기운 1949년 초까지도 중국공산당이 국민당을 완전히 중국 밖으로 밀어내는 것에 반대했다. 미국이 이를 빌미로 삼아 중국 본토에 핵폭탄을 사용할 수 있다고 걱정했기 때문이다.

스탈린은 미국에 대한 군사적 열위를 보완하기 위해 사력을 다해 핵무기 개발에 자원을 쏟아부었다. 그리고 마침내 1949년 8월 말 핵폭탄 실험에 성공했다. 당연히 스탈린의 동아시아 냉전 전략도 이때부터 확 바뀌었다. 핵무기 개발과 중국의 사회주의 혁명이 동아시아 냉전의 분기점이었다.[38]

스탈린이 중국에서 연합정부를 추진하던 시기에는 한반도가 중요한 쟁점은 아니었다. 중국이 방파제 역할을 할 것이라 기대했기 때문에 농업 경제의 작은 나라였던 조선은 그다지 주목받지 못했다.[39] 하지만 유럽의 냉전, 핵무기 개발, 중국 혁명이 상황을 완전히 바꿔 놓았다. 유럽의 냉전이 동아시아 냉전으로 확대되었고, 소련은 핵무기 개발로 미국을 이전보다 덜 두려워했다. 중국 혁명 이후 한반도는 미국과 일본이 사회주의 진영으로 북진할 수 있는 고속도로가 되었다. 스탈린은 1949년까지 북한 지도부가 제출한 통일 전쟁 계획을 승인하지 않았다. 그러나 1950년에 마음을 고쳐먹었다. 승산만 있다면 한반도 전체를 수중에 넣는 게 유리했다. 한반도의 전쟁 프로세스가 톱니가 잘 물린 기계처럼 착착 돌아가기 시작했다.

1949년 이후 한반도에서 평화롭게 통일을 이룬다는 건 현실적으로 불가능해졌다. 아무리 늦어도 중국 혁명 전에는 통일 정부 구성을 끝

냈어야 했다. 중국 혁명 전까지 통일로 가는 좁은 골목길이 완전히 닫혔던 건 아니었다. 그렇다면 해방부터 중국 혁명 이전까지, 즉 통일 정부를 건설할 '골든 타임'에 한국에서는 어떤 일이 벌어지고 있었을까?

남한은 신탁통치 여부로 극도로 혼란했다. 미국은 일본 패전 이전부터 한반도를 신탁통치를 거쳐 독립국으로 만들 계획을 세웠다. 미국 관점에서 신탁통치는 식민지배가 아니었다. 현대적 정부를 꾸린 경험이 없는 민족에게 현대적 정부를 구성하고 운영 방법을 알려주는 기간이었다. 실제로 현대적 정부를 세우는 건 생각보다 어려운 일이다. 미국만 봐도 엄청난 피해를 낸 내전(남북전쟁)을 치르고야 연방정부를 안정화할 수 있었다. 영국, 프랑스, 독일, 이탈리아 등 서유럽 국가들도 모두 국내외에서 끔찍한 전쟁을 치렀다. 평화로운 현대화란 정말로 어려운 일이었다. 더군다나 조선은 19세기 말의 근대화 실패와 20세기 초의 식민지 경험만 가지고 있었다. 현대 정부를 속성으로 배우려면 신탁통치라는 훈정訓政(쑨원이 했던 말로 시민 의식의 함양 기간을 말한다.)이 필수적이라는 게 미국 지도자들의 생각이었다.

그런데 한반도의 신탁통치에는 한 가지 조건이 더 필요했다. 지정학적 위치상 미국만 참여하면 소련, 중국과 갈등이 벌어질 가능성이 컸기 때문이다. 이들 모두가 함께 신탁통치에 참여해야 했다. 미국은 자신의 동맹인 영국까지 끼워 넣어 4개국 신탁통치안을 만들었고, 1945 년 12월 모스크바 3개국 외상 회의(삼상회의)에서 소련과 이를 합의했다. 하지만 이해관계와 정부체제가 다른 4개국이 신탁통치를 함께한다는 구상은 말처럼 쉽게 이루어지지 않았다.

폴란드 갈등을 시작으로 1946년부터 유럽에서 냉전이 차츰 고조되었고, 중국에서도 연합정부 구상이 깨지며 국민당과 공산당이 내전을 벌였다. 유럽에서 마셜 플랜과 코민포름이 격돌한 1947년 이후에는 공동 신탁통치가 사실상 불가능해졌다. 삼상회의 실행을 위해 만들어진 미소공동위원회도 결렬되었다. 다만 이때까지 미국과 러시아는 한반도 분단을 기정사실로 여기지는 않았다. 아시아의 냉전이 되돌릴 수 없는 단계로까지 나아간 건 1949년 중국 혁명과 핵무기 개발 이후였다.[40]

한반도의 지도자들이 최고로 현명한 선택을 했더라도, 과연 분단을 피할 수 있었는지는 확신할 수 없다. 그만큼 정세가 복잡했다. 하지만 문제는 1945년 이후 남북한의 지도자들이 분단과 전쟁으로 가는 최악의 길들만 골라서 선택했다는 점이다. 신탁통치 반대 운동이 그 시작점이었다. 독립운동의 대중적 상징이었던 이승만과 김구는 모스크바 3상 회의 소식이 언론에 보도되자, 즉각 반탁운동을 조직했다. 자치

능력이 없다는 식민지배의 논리에 이골이 난 민중들이 비슷한 논리 구조를 가진 신탁통치에 분노하는 건 어쩌면 당연했다.

그러나 민족의 진로를 얼음 위를 건너가듯 조심해서 결정해야 하는 지도자들마저 대중의 감정에 휩싸이는 건 곤란한 일이다. 1945~1946년 유럽과 동아시아의 정세는 그야말로 격동했다. 한순간의 선택이 한반도의 운명을 좌우하는 상황이었다. 미국과 소련의 공동 관리 아래서 통일 정부를 구성할 수 없다면, 과연 그들은 어떤 방법으로 한반도 전체를 관장하는 정부를 구성할 수 있다고 생각했을까? 이승만과 김구가 답을 가지고 있지는 않았던 것 같다. 이승만은 밑도 끝도 없이 반공을 선동했고, 김구는 새로운 독립운동을 선언했다. 우파를 대표하는 정당이었던 한국민주당의 송진우는 신중론을 주장하고 얼마 뒤 살해됐다. 남한에서 가장 잘 조직되어 있던 정당인 조선공산당은 신탁통치를 찬성한 후에 우파의 반공주의 선동과 대중적 고립으로 회복 불가능한 타격을 입었다.

남한이 반탁운동으로 뒤덮였을 때 북한에서는 김일성이 정적을 숙청하며 독재 권력을 다졌다. 북한의 민족주의 운동을 대표하던 조만식을 제거했고, 준정부 기관인 북조선임시인민위원회를 조직했다. 김일성은 토지의 무상 몰수, 국유화, 무상분배도 단행했는데, 토지개혁에 반대하는 사람들을 반혁명 분자로 몰아 처형하면서 '계급투쟁'의 주도권을 장악했다. 통일을 위한 선택은 북한에서도 그다지 진지하게 고려되지 않았다.

한반도 내부에서조차 통일 정부를 구성할 만한 합리적 구상이 나오지 않는 상태였다. 미소공동위원회가 해체된 후 남북한에 단독정부가 수립되는 건 필연적이었다. 남한에서는 반탁운동을 이끈 이승만이, 북한에서는 계급투쟁을 이끈 김일성이 주도권을 잡았다. 당연하게도 둘은 이제껏 해왔던 것처럼 통일보다 내부의 권력을 다지기 위한 정치 투쟁에 집중했다. 이승만은 반대세력을 공산주의자로 몰아 제압했고, 김일성은 연안파, 소련파, 남조선노동파 등을 견제하며 자신의 사람들을 요직에 심었다.

몇 년간 이런 상태가 이어지다, 1949년 10월 중국 통일을 계기로 북한의 전쟁 준비가 본격화됐다. 그리고 1950년 6월 25일 전쟁이 발발했다. 미국이 주도한 유엔이 참전했고, 미국의 북진을 막기 위해 중국이 참전했다. 냉전 속 전쟁은 필연적으로 국제전일 수밖에 없었다. 한반도에는 극도의 정신적, 물질적 후유증이 남았다. 미국은 한국전쟁을 계기로 일본 복구를 점진적 방향에서 급진적 방향으로 바꾸었다. 사회주의 진영의 남하를 막기 위해 1951년 샌프란시스코 강화조약을 체결했고, 일본의 경제를 급속도로 복구했다. 주일미군을 중심으로 동아시아 냉전 전략도 만들었다.

자, 그런데 이상의 분단과 전쟁에서 분단체제론이 강조하는 친일파의 역할은 무엇이었을까? 분단체제론은 친일파가 기득권을 빼앗길까 봐 분단을 고착화했다고 주장한다. 분단과 친일이 한 쌍이라는 것이다. 그런데 이상에서 살펴본 것처럼, 분단과 전쟁은 세계정세를 전혀 고려하지 않은 남북한 지도자들의 선택에 큰 영향을 받았다.

1945~1946년에 이승만, 김구를 중심으로 한 반탁운동과 김일성을 중심으로 한 소련식 나라 세우기는 분단을 지속하는 선택이었다. 분단상태는 1947~1949년 냉전이 본격화된 이후 남북한 단독정부 수립으로 이어지는 지름길이 되었다. 1949년 러시아의 핵무기 개발과 중국공산당의 통일은 북한이 전쟁을 감행한 계기가 되었다.[41] 통일 정부를 구성하려면 냉전이 만든 극도로 비좁았던 골목길을 통과해야 했다. 하지만 세계정세를 읽지 못하고 대중의 감정에 편승해 반탁운동을 조직한 한국의 지도자들은 이 골목길을 더욱 좁혀놨다. 북한 김일성은 전쟁을 염두에 둔 행보로 골목길을 아예 막아버렸다. 여기서 친일파 역할은 중요한 변수가 아니었다.

분단체제론은 세계정세를 읽지 못해 민족의 운명을 위기에 빠뜨렸던 1940년대의 오류를 은폐한다. 우리가 1장과 2장에서 살펴본 '여론이 지배하는 민주주의'의 위험성이 바로 해방 이후 남한의 역사로 증명된다. 대중의 반일 정서에 호소하는 분단체제론은 1940년대 한민족의 불행을 상상 속 친일파에 대한 복수로 위로하는 것이다. 반일 여론을 부추긴 후에 그 여론을 따르는 게 민주주의라고 착각하면 안 된다.

사회주의사 없는 분단사

한국전쟁 이후 한국과 북한은 똑같이 독재를 향해 나아갔다. 한국에서는 이승만 독재에 이어 박정희, 전두환, 노태우 군부 정권이 30년간 이어졌다. 그리고 1990년대부터 민주화가 이뤄졌다. 북한에서는 한국전쟁 직후 김일성이 정적을 모두 제거하고 일인 독재를 굳혔다. 북한은 사회주의 진영이 몰락한 이후에도 이전 체제를 고수하며 국제적으로 고립되었다. 김정일과 김정은으로 이어지는 소위 백두혈통 세습 정부까지 만들었다. 한국 정부가 현대화라는 진보의 어려움을 보여준 사례였다면, 북한 정부는 역사가 얼마든지 현대 이전으로 역주행할 수 있음을 보여준 사례였다.

그런데 문재인 정부와 친민주당 지식인은 역사를 역주행하는 북한과 외교적 관계 이상의 연합을 만들 수 있다고 생각했던 것 같다. 문재인 대통령은 세 차례의 남북정상회담을 진행했고, "공동번영과 자주통일의 미래"를 강조했다. 강만길 교수는 "지금은 지난 20세기적 자본주의 체제와 사회주의 체제가 어떻게 평화롭게 통일될 수 있겠는가 걱정하기보다, 남북 사이의 적대의식을 해소하고 한반도의 평화를 적극적으로 정착해가야 할 때"라고 주장했다.

북한의 세습 정부와 한국의 민주주의가 어떻게 '공동'으로 번영할 수 있다는 것일까? 20세기에 공존한 자본주의와 사회주의 간에도 통일이 이뤄진 적이 없는데, 어떻게 현대적 자유민주주의와 전근대적 군주정이 통합할 수 있다는 것일까? 분단체제론은 이런 질문 자체를 회피한다. 분단으로 이득을 누리는 집단이 있고, 그 집단이 분단을 재생산하니, 그들의 힘을 약화하면 통일도 가능하다는 논리다. 분단체제론은 분단이라는 상황에만 주목하며, 통일의 상대인 북한의 상태는 큰 문제가 아니라고 생각하는 경향이 있다. 이 대목에서 우리는 북한 체제의 역사를 살펴볼 필요가 있다.

정부 수립 때부터 현재까지 북한 정부의 일관된 기조 중 하나는 스탈린주의였다. 스탈린은 사회주의를 정부 주도 경제 개발과 공산당 독재로 재해석했다. 농업 집단화와 군사적 중화학공업화를 경제정책으로, 개인숭배와 비판 세력에 대한 숙청을 통치 원리로 삼았다. 김일성은 교조적으로 스탈린을 따랐다. 공식 정부 수립 전부터 농업 집단화를 시행했고, 1950~1960년대 중화학공업화를 빠르다 못해 과할 정도로 추진했다. '8월 종파사건'으로 불리는 대대적 숙청도 진행했다. 김일성주의 또는 주체사상이라 불리는 개인숭배는 스탈린을 뛰어넘었다.

그렇다면 북한은 1953년 스탈린 사후 어떤 변화를 도모했을까? 이점이 통일 또는 대북정책을 이야기할 때 중요하다. 북한이 어떤 변화의 동력을 가졌고, 또 주변 변화에 어떻게 대응하는지 파악해 볼 수 있어서다. 동아시아의 다른 사회주의 국가들과 비교해 북한의 대응을 살펴보자.

중국의 마오쩌둥은 1950년대까지 확실한 스탈린주의자였다. 중국공산당 정책은 스탈린의 교리를 그대로 따른 것들이 많았다. 마오쩌둥은 스탈린 사후 탈스탈린 정책을 추진한 소련의 새 집권 세력과 갈등을 벌이기도 했다. 다만 마오쩌둥은 교조적이지는 않았다. 그는 1950년대 후반부터 스탈린주의의 공백을 채우기 위한 여러 실험에 나섰다. 농민을 수탈한 소련의 농업집단화를 평가하며 그 대안으로 농민이 주체가 되어 경제 개발에 나서는 대약진운동을 조직했다. 국가와 당의 관료화를 개혁하자는 명분으로 문화대혁명도 지원했다. 하지만 이 둘은 모두 처참하게 실패했다. 국유화 계획경제와 공산당 독재라는 20세기 사회주의의 근본 문제를 건드리지 않았던 탓이다.

어쨌든 1960년대의 대혼란을 거쳐 중국 정부는 1970년대 후반에 개혁·개방에 나섰다. 미·중 정상회담으로 탈냉전의 문을 열었고, 1986년에는 세계무역기구에 가입을 신청했으며, 21세기 벽두에 세계무역기구의 성원이 되었다. 중국은 2008~2009년 세계금융위기로 미국과 유럽이 휘청거리는 사이 더욱 공격적으로 투자에 나서 세계 주요 2개국$_{G2}$ 지위에 올라섰다. 되돌아보면 중국은 정말로 때를 잘 만났다. 미국의 탈냉전 정책이었던 세계화 정책이 1980년대 개혁개방을 시행한 중국에 최적의 경제 성장 조건을 마련해줬기 때문이다.

베트남에서는 1980년대까지 스탈린주의 정책이 이어졌다. 베트남 공산당은 1975년 남북을 통일한 후에 숙청과 농촌집단화를 추진했다. 이로 인해 대규모 난민도 발생했는데, 당시 베트남 '보트피플'은 지금도 난민 사태를 상징하는 말로 쓰인다. 공산당은 전쟁의 상처가 여전한 상태에서 캄보디아를 침공하기도 했다. 주변국을 위성국으로 편입해 연방을 만든다는 구상이었다. 경제 사정은 1980년대 말까지도 최악이었다. 제 코가 석 자였던 소련이 베트남 사정을 절망적이라고 평가할 정도였다. 공산당 지도부는 소련 이상으로 보수적이고 관료적이었다.

이런 베트남 공산당도 1980년대 후반부터 시작된 탈냉전의 거대한 흐름을 거부하지는 않았다. 서기장, 국가평의회 의장, 수상 등으로 나뉘어 있던 권력 분점이 개혁을 선택하는 데 유리하게 작용했다. 여러 분파가 생존을 위한 경쟁에 나서지 않을 수 없었기 때문이다. 베트남 정부는 1980년대 말부터 '도이머이'로 불린 경제개혁을 시작했다. 1989년 캄보디아에서 철군했고, 1991년에는 사회주의 외교를 전방위 외교 전략으로 전환했다. 1995년에는 미국과도 국교를 수립했다. 이때부터 외국 기업들이 저임금 노동력을 활용하기 위해 물밀 듯이 들어왔다. 2007년에는 WTO에 가입했고, 2010년대에는 여러 나라와 자유무역협정을 체결했다.

그렇다면 북한은 어땠을까? 북한은 탈냉전 시대에 어떻게 적응하려 했을까? 결론부터 말하자면, 북한은 변화 자체를 거부했다.

김일성은 1950년대 중반 소련의 탈스탈린 정책을 비판하며 이에 동조한 당 간부들을 숙청했다. 이에 따라 소련과의 관계가 외교단절

직전까지 악화했다. 1960년대에는 김일성 환갑 전에 통일을 이루자며 다시 전쟁 준비를 했다. 1968년 1월 21일 청와대를 습격했고, 23일에는 미국 정찰선 푸에블로호를 나포했다. 그해 4월에는 미 해군 정찰기도 격추했다. 북한은 당시 중국에서 발발한 문화대혁명에 대해서도 '극좌파'의 소동이라며 거리를 뒀다.[42] 중국보다 더했던 북한의 관료적 지배에 대중이 저항할 것을 두려워했기 때문이다. 당연히 중국과의 관계도 경색될 수밖에 없었다. 중국과 소련의 정세가 크게 출렁이던 시기 김일성은 자신을 우상화하는 주체사상을 만들어 교육했다. 1965년부터 일련의 이론들이 발표되었고, 1972년 헌법에 주체사상이 명문화되었다.

1960~1970년대 북한 경제는 전통적 스탈린 정책에서 한 걸음도 더 나아가지 못했다. 군수산업을 중심으로 한 중화학공업 정책이 이어졌다. 한국이 1960년대 경공업 수출과 미국의 냉전 지원으로 고도성장에 성공했던 반면, 북한은 소련과 중국으로부터 큰 지원을 받지 못하는 가운데, 수출로도 이득을 얻지 못했다. 1970년대 냉전 완화 분위기에서 유럽과 무역을 개시해 보기도 했지만, 대규모 적자를 보고 채무 불이행 상황에 빠져버렸다.[43] 한국의 1970년대와 마찬가지로 북한의 중화학공업 역시 비교 우위에 설 수 없는 산업이었다. 더군다나 한국이 기댈 수 있었던 미국 같은 뒷배가 북한에는 없었다. 이런 상태에

서 북한의 선택은 과거로 복귀하는 것이었다. 중국이 1970년대 말 개혁개방을 통해 1980~1990년대를 대비했다면, 북한은 1950~1960년대로 돌아가면서 세계와 더 멀어져 버렸다.

1980년대 중반부터 북한은 독자적 핵무기 개발에 관심을 가졌다. 사회주의 진영이 무너지기 시작했을 때 도리어 냉전 시대 전략에 더 집착한 셈이다. 북한은 1985년에 핵확산금지조약NPT에 가입한 후 러시아에서 경수로를 수입했다. 1990년부터 독자 핵무기 개발을 시작해 1994년에는 서울을 불바다로 만들겠다는 위협도 서슴지 않았다. 탈냉전 세계화 흐름에 완전히 역행했다. 김일성 사후 김정일은 군대가 앞장서 정치와 경제를 운영한다는 선군 정치를 내세웠다. 그런데 우리가 여러 차례 봤듯 근대화의 기본 중 기본은 문민 통치다. 그래서 군부 독재자도 군복 대신 민간복을 입고 대중 앞에 선다. 북한의 선군 정치는 세계화는커녕 아예 근대 이전으로 퇴보하는 행동이었다.

1990년대 북한은 그나마 있던 자원을 핵무기 개발에 쏟아부었다. 그리고 국제 제재 속에 경제가 붕괴하고 말았다. 전문가들은 핵개발 당시 북한의 GDP가 30% 넘게 하락했다고 추정한다. 공식 경제가 붕괴하니 암시장 같은 비공식 경제가 커질 수밖에 없었다. 정부마저 암시장에서 물품을 조달할 정도였다. 2000년대 들어 경제 추락은 멈췄지만, 그렇다고 성장을 재개한 건 아니었다. 2010년대 말까지 북한의 실질 GDP는 1989년의 80% 수준에 불과했다.

1998년 출범한 김대중 정부는 햇볕정책이라는 이름으로 북한과의 경제 교류 프로그램을 가동했고, 2003년 출범한 노무현 정부 역시 이를 계승했다. 1998년부터 금강산 관광이 시작됐고, 2005년부터 개성 공단이 가동됐다. 2000년과 2007년에는 남북정상회담도 열렸다. 하지만, 북한의 정책은 기본적으로 냉전 전략에서 크게 벗어나지 않았다. 2006년부터 2017년까지 총 여섯 차례에 걸쳐 핵실험을 감행한 것만 봐도 이를 알 수 있다. 김정은 시대에도 개인숭배와 핵무기라는 스탈린의 통치 전략이 일관되게 유지되었다.

당연히 이런 통치 전략 하에서는 중국이나 베트남 같은 개혁개방이 쉽지 않다. 냉전 시대의 핵무기 보유국이었던 중국은 탈냉전 이후 군사적 긴장을 낮추며 미국 주도의 세계화 규범에 따라 2010년대까지 경제 성장을 이뤘다. 베트남도 마찬가지였다. 개혁개방은 단지 정부가 선언한다고 되는 게 아니다. 탈냉전 시대의 세계화 규범에 따르겠다는 상호 신뢰가 전제되어야 한다. 하지만 북한의 경우 70년 넘게 변하지 않은 스탈린주의 전략에 3대 세습 권력까지 더했다. 비유하자면, 축구 시합에 야구 방망이를 들고 경기장에 들어오는 꼴이다. 이런 식으로는 경기에 참여할 수 없다. 금강산 관광은 관광객 피살 사건으로 2008년 중단되었고, 개성공단 역시 2016년 핵실험 이후 폐쇄되었다.

문재인 정부는 출범과 동시에 남북관계 개선에 상당한 노력을 기울였다. 2018년 세 차례에 걸쳐 남북정상회담을 개최했고, 북미 정상회담의 중재자를 자처했다. 하지만 그 결과는 역시 예전과 다르지 않았다. 북한이 완전한 비핵화를 진심으로 수용할 생각이 없었기 때문이다. 북한은 1945년 이후 노선에 큰 변화를 준 적이 없었다. 문재인 정부가 제시했던 한반도 신경제지도 구상이 실행되려면, 북한이 어쨌든 탈냉전 시대의 규범을 수용해야 했다. 북한 체제에 대한 안전보장이 이뤄지면 상황이 달라질 것이라는 주장은 이런 점에서 핵심에서 벗어난 것이다. 주변 여건의 문제 이전에, 북한 정부의 노선이 핵심 문제이기 때문이다.

그렇다면 문재인 정부는 왜 이전에 실패한 방법을 되풀이하면서 이전과 다른 결과를 만들 수 있다고 기대했을까? 냉전의 역사와 스탈린 이후의 사회주의 노선을 현재의 북한과 별개로 생각하기 때문이다. "지금은 다르다", "미국이나 일본 탓이다"라는 설명이 역사와 북한 상태를 오판하게 만든다. 분단체제론은 사회주의 역사와 북한을 오해하도록 만드는 세계관이다.

과학적 역사관과 민주주의

역사를 이해하는 방식은 민주주의를 만드는 방식과 직접 관련된다. 우리가 어디서부터 왔다는 믿음은 우리가 어디로 가고 있다는 믿음으로 연결되고, 우리가 어디로 갈지를 결정하는 시스템이 바로 민주주의에 담겨 있다.

19세기 이후의 한국사를 이해하는 방식은 오늘날 한국 민주주의에 심대한 영향을 미치고 있다. 한국에서 진보 또는 개혁의 주류가 수십 년간 지켜온 역사관, 즉 분단체제론에 따르면 반일과 통일, 친일잔재 또는 보수 청산과 북한 친화적 외교 정책이 한국 민주주의의 발전 방향이다. 문재인 정부는 이런 세계관에 충실했다.

그런데 이런 세계관에 따라 행동한 결과가 무엇이었을까? 우선 식민지 과거사 관련 문제는 해결된 게 단 하나도 없었다. 한일 양국 시민들이 서로에 대한 혐오 감정만 키웠을 뿐이다. 북한 문제도 마찬가지였다. 하노이에서 북미 정상회담이 성과 없이 끝난 다음, 북한은 남북 공동연락사무소를 폭파해버렸다. 그간 남북정상회담에서 합의한 바도 모두 내던져버렸다. 2021년 북한은 핵 공격을 위한 필수 무기로 불리는 잠수함발사탄도미사일SLBM 개발에 성공했다고 발표했다. 핵무기 개발은 멈추지 않았다. 잘못된 역사 인식에서 출발한 정책이 현실에서 좋은 결과로 이어지기는 어렵다. 험한 산을 오를 때 내가 지금까지 온 길을 착각하면, 지도를 따라가다 낭패를 당하는 법이다.

앞의 이야기를 요약해보겠다. 분단체제론은 세 가지 점에서 치명적 결함이 있다. 첫째, 19세기 자본주의 역사와 조선의 망국사亡國史를 별 개로 생각하는 결함이다. 둘째, 20세기 냉전 시대 세계사와 한국의 분 단 역사를 연결하지 못하는 결함이다.[44] 셋째, 북한을 사회주의 역사가 아니라 오직 분단된 민족의 일부로만 보는 결함이다.

우리가 역사를 통해 얻어야 하는 시사점은 반일과 친북이 아니다. 세 계정세의 변화를 냉정하게 과학적으로 읽어야 한다는 점과 시대변화 의 골든타임을 절대 허비하면 안 된다는 점이다. 민주주의의 발전 방 향은 세계 경제, 대외 관계에 관한 과학적 분석과 함께 고려되어야 한 다. 여론과 감정에 지배되는 민주주의는 세계와 경제라는 제약을 만나 면 국민 모두를 불행하게 만들 수도 있다.

조금만 곰곰이 생각해보면 당연한 일이다. 민주주의에 대한 가장 간 단한 정의는 국민이 주권을 가지는 정부라는 것이다. 그런데 이 주권이 무엇인가? 대내적으로 입법과 행정에 관한 최종적 결정권을 가지는 최고 권력이고, 대외적으로 다른 나라에 독립적일 수 있는 권리다.

현대의 입법과 행정은 자유와 풍요를 증진하는 게 목표다. 근대 이후 자유와 풍요는 소유할 권리와 시장 경쟁에 의한 자원 배분을 기초로 삼았다. 그런데 근대적 소유와 시장은 출발부터 세계적이었다. 그래서 주권의 역사는 곧 주권자가 세계 경제와 관계를 맺었던 역사다. 대외적 독립의 경우 두말할 나위 없이 국가 간 관계에 영향을 받는다. 주권의 역사에는 다른 나라와 어떤 관계를 맺었는지가 깊게 새겨져 있다. 세계 경제와 대외 관계는 장기간에 걸쳐 변화한다. 자본주의는 약 500여 년에 걸쳐 만들어졌다. 근대적 유럽의 국가 질서는 16세기 네덜란드 독립 혁명(베스트팔렌조약)부터 시작해, 20세기 초 두 차례의 세계대전을 거쳐 오늘에 이른다. (이 역사에 대한 자세한 설명은 부록을 참조하기 바란다.)

그렇다면 과학적 역사관에 기초해 민주주의를 생각하지 못할 때, 한국 안보에는 어떤 일이 발생할까? '투키디데스의 함정'이라는 개념으로 유명한 그레이엄 앨리슨은 《예정된 전쟁》에서 타락한 민주주의가 안보에 가장 큰 위험이 될 수 있다고 경고했다.

"오늘날 미국의 안보에 가장 큰 도전 한 가지는 무엇일까? 세계에서 미국이 차지하는 위상에 가장 큰 위협이 되는 한 가지는? 두 질문 모두에 대한 답은 미국 정치체제의 실패다. … 타락한 민주주의 체제도 반응적인 권위주의 체제도 21세기의 가장 혹독한 검증을 통과하지 못하고 있다고 인식하는 일이 점점 더 많아지고 있다."[45]

타락한 민주주의는 안보를 지키지 못한다. 국가 간 갈등이 고조될 때 나의 이익 중 무엇을 우선순위로 추구해야 하는지 정리하지 못하고, 상대의 이익 또한 제대로 이해하려 들지 않기 때문이다. 여론만 따르는 민주주의는 과학적 분석을 도외시하기 때문에 핵심적 국가이익을 파악하기 어렵다. 대중 사이 이해가 갈리는 부분을 조정하지도 않는다. 그렇다 보니 모든 이익을 지키겠다는 식으로 나설 수밖에 없다. '올 오어 나싱All or Nothing'으로 외교를 하면 상대 국가와 갈등을 조정할 여지도 사라진다. 또한 대중의 민족주의 감정이나 분노를 정치적 기반으로 삼다 보니 상대국의 핵심 이익을 충분하게 고려할 여지가 없어진다. 상대방을 무릎 꿇리는 식의 접근만 가능하다. 문재인 정부의 대일본 외교는 앨리슨이 우려한, 타락한 민주주의가 초래한 잘못된 외교를 전형적으로 보여준 사례였다.

2020년대 미국과 중국의 갈등은 무역 전쟁을 넘어 동아시아에서의 국지전 가능성까지 높이고 있다. 북핵 위기라는 시한폭탄도 여전히 째깍째깍 작동 중이다. 경제에서는 금융위기에 이어 코로나19로 인한 충격이 세계를 강타했다. 실물 경제와 완전히 괴리된 자산 시장이 세계를 휩쓸어버릴 기세로 요동친다. 안보와 경제가 동시에 위기에 빠지면 동아시아에 퍼펙트스톰으로 불리는 수습 불가능한 위험이 들이닥칠 수 있다. 우리의 민주주의는 과연 이 위기를 헤쳐나갈 역량을 가지고 있을까? 우리는 위기에 대처하기 위해 민주주의를 어떻게 개혁해야 할까?

5장

반면교사로 삼아야 할 나라들

정부가 부패하고 민주주의가 타락하면 경제에도 악영향을 미친다. 그리고 정부와 경제가 서로의 위기를 증폭하는 악순환이 발생하기도 한다. 최악은 이 과정에서 주권자 국민이 시민적 덕성을 잃어버리고 지대 추구에 몰입하는 상황이다. 그렇게 되면 민주주의를 통해 사태를 해결할 수 없다. 현재 한국의 사정은 어떠한가? 남미 민주주의를 대표했으나 21세기형 독재 국가의 대명사가 된 베네수엘라와, G7 경제 강국에서 유럽의 골칫덩어리로 전락한 이탈리아를 통해 교훈을 찾아보자.

'시나브로'라는 말이 있다. "모르는 사이에 조금씩 조금씩"이라는 의미다. 시나브로 변하는 것은 경계가 뚜렷하지 않다. 계절의 변화를 떠올려 보자. 누구도 봄과 여름 사이 경계가 되는 날짜를 딱 찍어서 정하지 못한다. 날씨가 한참 더워진 후에야 "시나브로 여름이 왔구나."라고 이야기할 뿐이다. 민주주의도 시나브로 타락한다. 딱 잘라서 여기서부터 민주정, 저기서부터 폭민정이라 구분 짓기 어렵다. 되돌아보면 "우리 정부가 이런 꼴이 됐구나."라고 한탄하게 될 뿐이다.

경계가 불분명한 건 민주주의 타락이 굉장히 미묘한 방식으로 이뤄지기 때문이다. 군부가 탱크로 청사를 점령하는 쿠데타를 상상해선 안 된다. 폭민정은 민주정의 단절이 아니라 부정적 의미의 연장이다. 시민들은 예전과 다름없이 투표하며, 의회와 법원도 이전처럼 운영된다. 다만, 정부가 지지자와 이권을 이용하여 여론을 조작하는 일이, 정당이 공익을 배반하고 사익에 따라 법을 만드는 일이, 법관이 진영에 따라 판결을 바꾸는 일이 조금씩 더 많아질 뿐이다. 이런 변화를 국민이 예민하게 파악하기란 쉽지 않다. 파악하기 어려우니 시나브로 적응하게 된다.

이번 장은 민주주의 타락의 필연성을 주장한 고대 그리스 역사학자 폴리비오스의 이론을 살펴보고, 그의 이론을 현대에 적용해 볼 것이다. 20세기 중반까지 중진국 민주주의를 대표했지만 현재는 독재와 경제 파탄의 대명사가 된 베네수엘라, 고대 유럽 문명의 기원이자 G7 구성원이지만, 현재 포퓰리즘과 경제 실패의 사례로 인용되는 이탈리아가 분석 대상이다. 두 나라는 한국과 비슷한 점이 꽤 많다. 우리가 반드시 반면교사로 삼아야 할 나라들이다.

폴리비오스의 정체순환론

폴리비오스는 민주주의의 타락이 계속되면 군주정이 나타난다고 예측했다. 그는 정부체제(정체政體)를 세 가지로 구분했다. 정부는 통치자의 성격과 숫자에 따라 군주정kingship, 귀족정aristocracy, 민주정democracy으로 나뉜다. 이 셋은 차례로 이어지는데, 민주정이 끝나면 다시 군주정이 시작된다. 정체순환론Anacyclosis으로 불리는 그의 이론은 현대 민주주의의 미래에 관해서도 통찰력을 제공한다.

정체가 이행을 반복하며 순환하는 이유는 통치자의 타락degeneration 때문이다.[46] 인간은 이성과 동물적 충동을 동시에 가지고 있는 존재다. 통치자의 '이성'은 사회를 안정되게 유지하기 위해 사회 구성원들이 믿고 따를 수 있는 제도와 규범을 만드는 능력이다. '동물적 충동'은 자신의 욕심을 채우기 위해 다른 사람을 공격하고 힘으로 짓밟는 본능이다. 통치자가 이성을 키우고 동물적 충동을 억제하려면 항상 노력해야 한다. 그런데 시간이 지나면 노력하려는 마음이 해이해질 수밖에 없다. 통치자의 동물적 충동이 커지다가, 어느 순간 이성을 압도한다. 이때부터 통치자가 타락한다.

군주정은 가장 원초적인 형태의 정부다. 힘 있는 개인이 주변을 규합하여 만드는 정부이기 때문이다. 힘으로 주위를 지배하던 군주는 시간이 흐르면서 이성적인 행동으로 사람들의 존경을 얻고, 주변 사람들은 자발적으로 군주를 따른다. 지위가 안정되면 그의 혈연집단이 권력을 세습하여 지위를 이어간다. 하지만 시간이 흐르면서 군주는 권좌의 안락함에 취해 존경과 명예를 지키는 이성적 노력을 경시한다. 그리고 결국에는 사치와 폭력을 일삼는 전제專制 군주로 타락한다. 전제정tyranny이 도래하면, 충성을 맹세하는 대가로 권력을 나누어 받은 귀족들조차 억압을 당한다. 원망이 커질 수밖에 없다. 그리고 어떤 계기로 귀족 중 영웅이 등장해 군주를 살해한다.

귀족들은 전제정을 반면교사로 삼아 처음에는 공동의 이익에 최선을 다한다. 고결하다고 평가받는 특권적 사람들이 공동으로 통치하는 귀족정이 시작된다. 하지만 귀족정의 운명도 군주정과 다르지 않다. 탐욕을 쫓는 귀족들이 많아지면서, 귀족 중 소수가 권력을 독점하는 과두정oligarchy이 나타난다. 그리고 이 과두정은 성난 민중에 의해 타도되고, 마침내 민주정이 시작된다.

민주정은 통치자의 숫자가 가장 많은 정부다. 인민people 모두가 통치권을 공유한다. 통치자 숫자가 증가하는 방향으로 나아가는 게 진보라

했을 때, 민주정은 가장 마지막에 나타나는 정부라 할 수 있다. 인민에게 민주정은 축복이다. 자유와 권리의 평등이 이전보다 획기적으로 나아지기 때문이다. 인민은 집단적인 이성을 최대한 발휘해 정치에 참여하고, 공정한 제도를 발전시킨다.

그런데 민주정 역시 타락을 피해가지는 못한다. 시간이 지나면 인민은 이성적 노력을 게을리하고, 남보다 더 가지려는 탐욕에 젖는다. 능력 있는 사람은 승자독식을 하려 들고, 부자들은 정부의 높은 자리를 차지하기 위해 인민을 매수한다. 경쟁이 격화하고 매관매직이 늘어나면, 인민 다수가 노력하여 성과를 얻기보다 남의 것을 빼앗는 지대 추구에 몰입한다. 지대 추구 경쟁으로 사회가 엉망이 될 때 '아웃사이더'를 자처하는 야심 있는 지도자가 나타나 인민의 마음을 얻는다. 이 지도자는 권력을 유지하기 위해 지지자들을 동원해 정적을 추방하거나 재산을 빼앗는다. 그리고 그 권력과 부를 지지자들에게 나눠주며 권력을 공고히 한다. 정부는 이때부터 이권공동체로서 역할을 한다. 이것이 인민이 폭민mob으로 타락한 폭민정ochlocracy, mobcracy이다.

그런데 폭민정은 지속되기 어렵다. 내전이 필연적이기 때문이다. 지대를 얻으려면 누군가의 것을 빼앗아야 하는데, 지대를 추구하는 사람의 숫자가 늘어나면 자기들끼리도 싸워야 한다. 그들 사이에서 투쟁이 벌어지고 혼란이 발생한다. 이때 그들의 지도자가 혼란을 수습하기 위해 군주를 자처한다. 군주는 폭민을 탄압하여 질서를 세우고, 권위로 주변을 정리한다. 인민은 민주정의 혼돈보다 차라리 질서가 유지되는 군주정을 선호한다. 군주정이 이런 식으로 다시 시작된다.

수천 년 전에 만들어진 정체순환이 현대에 그대로 나타나지는 않을 것이다. 하지만 폴리비오스가 이야기했던 통치자의 타락과 정체의 변화 원리는 현대에 주는 시사점이 작지 않다. 실제 근대 이후 역사를 봐도 정체의 순환과 비슷한 변화가 여럿 나타났다.

1장에서 봤듯, 19세기 프랑스에서는 백 년 동안 군주정과 민주정이 차례로 등장하고 반복해서 타락하며 교체되었다. 20세기 러시아에서는 차르 군주정이 인민민주주의 혁명으로 뒤집히고, 인민민주주의가 공산당 독재로 타락한 후에, 21세기의 차르(러시아 전제 군주)로 불리는 푸틴의 독재가 나타났다. 19~20세기 초 독일에서는 비스마르크 시대의 입헌적 군주정이 빌헬름 2세의 전제적 군주정으로 타락했다가 제1차 세계대전 패전 이후 민중에 의해 타도됐고, 민중이 건설한 바이마르 민주정이 혼돈과 내부 분열로 급속도로 타락한 후에 나치즘이라는 희대의 전제정이 나타났다. 고대 시대와 달리 현대에는 귀족정이 빠져 있지만, 타락과 정체의 변화라는 메커니즘은 그대로 이어진다.

우리가 이 책에서 검토한 이론들도 폴리비오스의 정체순환론과 밀접하게 연결되어 있다. 존 스튜어트 밀이《자유론》에서 말한 '다수의 전제정'은 폴리비오스의 폭민정을 응용한 개념이다. 스티븐 레비츠키·대니얼 지블랫은 남미와 동유럽에서 빈번하게 나타나는 민주주의 타락이 결국 전제적 독재로 이어진다는 사실을《어떻게 민주주의는 무너지는가》에서 생생하게 보여줬다. 더글라스 노스와 배리 와인개스트는 '폭력과 지대'의 교환이라는 개념으로, 민주주의가 타락할 때 왜 폭력이 전면에 등장하는지《폭력과 사회질서》에서 분석했다. 그레이엄 앨리슨은《예정된 전쟁》에서 타락한 민주주의 끝에 전쟁이 기다리고 있다고 경고했는데, 전쟁은 군주의 등장을 위한 최적의 조건을 제공한다.

자, 그러면 폴리비오스의 정체 타락 이론은 현대에 어디에서 어떻게 실제로 나타나고 있을까? 먼저 베네수엘라 사례를 검토해보자.

베네수엘라: 민주주의 중진국에서 독재와 경제 파탄으로

베네수엘라는 한참 후 되돌아봤을 때 한탄이 나오게 되는 민주주의를 보여주는 사례다. 민주주의 지표로 많이 인용되는 폴리티 점수Polity IV

에 따르면, 베네수엘라는 1970년대 초부터 1990년대 말까지 10점 만점(완전한 민주주의)에 8~9점을 얻었다. 베네수엘라는 중진국 중 최상위권 민주주의 국가였다. 하지만 2000년대부터 상황이 뒤집혔다. 점수가 하락해 2010년대에는 마이너스(-10점에 가까울수록 완전한 독재)로 떨어졌다. 군부 쿠데타 같은 민주주의의 단절이 있었던 것은 아니었다. 겉으로 보기에 민주주의는 작동하고 있었다. 그런데도 이렇게 점수가 폭락했다. 도대체 무슨 일이 벌어졌던 걸까?

실마리는 2011년 한 비영리단체가 베네수엘라 국민을 상대로 시행한 설문 조사 결과에서 찾을 수 있다. 설문은 그들이 사는 나라를 1점(전혀 민주적이지 않은)과 10점(완전히 민주적인) 사이에서 평가하도록 물었다. 결과가 놀라웠다. 응답자 51%가 8점 이상을 주었기 때문이다.[47] 그해 베네수엘라의 폴리티 점수는 -3점(독재에 가까운 정부)이었다. 당시서구 언론에서는 베네수엘라의 민주주의 위기를 국제 뉴스로 연일 보도하고 있었다. 참고로 베네수엘라는 북한 같은 미시적 통제가 이뤄지는 나라는 아니다. 즉, 설문조사는 어느 정도의 진실을 표현했다. 국제적 기준의 민주주의는 베네수엘라 국민의 선택으로 무너지고 있었다. 정확히 폴리비오스가 말했던 폭민정처럼 말이다.

베네수엘라는 1940~1970년대에 고도성장을 달성했으나 이후 20

년간 잃어버린 시대를 겪었다. 경제성장률이 -10%에 달할 정도였다. 이때 빈부 격차도 매우 심각해져 빈곤율(중위 소득의 절반 이하 소득 가계 비율)이 50%에 육박했다. 인구 절반이 빈곤층이었다. 우고 차베스Hugo Rafael Chávez Frías 는 이런 조건에서 1998년 대통령에 당선됐다. 그는 21세기 사회주의를 내세워 빈곤층의 압도적 지지를 얻었고, 집권 후에 급진적 분배 정책을 여럿 시행했다. 성과도 있어서 그의 집권 말기 빈곤율은 20%대까지 하락했다.

하지만 그의 개혁은 화려한 겉모습과 달리 민주주의의 극심한 타락을 동반했다. 그는 집권과 동시에 대통령의 입법 권한을 강화하는 개헌을 추진했다. 빈곤층의 압도적 지지로 개헌이 통과됐고, 수십 개의 개혁 정책이 의회를 무시하고 일방적으로 실행됐다. 차베스는 반대세력을 탄압하는 데도 힘을 기울였다. 야당을 적폐로 낙인찍는 여론을 조성한 후에 주요 정치인을 먼지털이식 수사로 법정에 세웠다. 정부를 비판하는 판사와 언론인은 국외로 추방했다. 2009년에는 대통령 연임 조항을 삭제하는 개헌을 단행했다. 독재자들이 한결같이 선택하는 그 방법을 차베스도 똑같이 사용했다. 다만, 그는 군대의 탱크가 아니라 민주적 선거로 이것들을 이뤘다. 차베스는 1999년 개헌, 2000년, 2006년, 2012년 대선에서 모두 승리했다. 베네수엘라는 대통령의 폭력에 의해서가 아니라 국민의 선택으로 독재 정부를 세웠다.

2000년대의 차베스 정부는 굉장한 경제적 성장을 이뤘다. 1인당 GDP가 십여 년 동안 두 배나 증가했다. 물론 이런 성공이 개혁 덕분은 아니었다. 국제 석유 가격 폭등 덕분이었다. 차베스 집권 시기 국제 유가는 1998년 배럴당 20달러에서 2012년 100달러로 5배가 상승했다. 세계적 석유 수출국인 베네수엘라는 정부가 뭘 하든 간에 호황일 수밖에 없었다. 하지만 이런 호황은 '독이 든 사과'였다. 호황의 달콤함에 취해 개혁의 절박함을 인식할 수 없도록 만들었기 때문이다. 베네수엘라는 다른 산업은 물론이거니와 석유산업마저도 외국자본에 기술과 투자를 의존하고 있었다. 경제가 장기적으로 성장하기 위해서는 석유산업의 대외종속을 완화하고, 석유 수출로 번 돈을 다른 산업을 육성하는 데 투자해야 했다. 당연히 산업 전체를 흔드는 구조 개혁이 필요했다. 2000년대의 고도성장은 구조 개혁을 위한 다시없는 기회였다. 투자와 개혁에 사용할 수 있는 자본이 많을수록 국민이 개혁 과정에서 겪는 고통이 완화된다. 하지만 차베스 정부가 단행한 경제개혁은 기껏해야 국내에 들어와 있던 외국 기업 중 중국 기업 비중을 늘리는 수준이었다.

석유 수출로 얻은 이익은 대부분이 빈곤층에게 분배되었다. 말하자면, 차베스와 빈곤층이 석유 지대를 공유하는 동맹을 맺은 것이다. 빈곤층은 차베스에게 압도적 지지를 보냈고, 차베스는 여론의 지지를 등에 업고 정적을 제거했다. 국내 경제의 호황을 배경으로 차베스는 국제적 반미反美 운동을 주도하기도 했다. 남미 독립운동의 영웅이었던 시몬 볼리바르를 상징으로 내세워 남미 각국에 미국 영향력에서 벗어나 유럽연합 같은 국가 동맹을 결성하자고 제안했다. 차베스는 2000년대 세계에서 가장 뜨거운 좌파 정치지도자로 떠올랐다. 당시 남미에 좌파 정부 열풍이 불면서 차베스 제안은 실현될 수 있을 것처럼 보이기도 했다. 하지만 경제적, 인종적, 정치적 이해가 천차만별인 나라들을 역사적 상징만으로 규합할 수는 없었다. 동맹이 만들어지더라도 뭘 더 잘할 수 있는지도 불분명했다.

국민이 타락한 민주주의의 쓴맛을 제대로 맛본 건 국제 유가가 내림세로 돌아선 후였다. 차베스 사망 후에 후계자로 지목된 마두로Nicolás Maduro Moros는 2013년 대선에서 가까스로 승리했지만, 집권 초부터 위기에 봉착했다. 국제 유가가 폭락해 베네수엘라 경제가 마비됐기 때문이다. 구조 개혁을 미룬 혹독한 대가를 치러야 했다. 정부가 경제 침체에 속수무책인 가운데 2015년 총선에서는 야당이 압도적으로 승리했다. 이때 마두로 대통령이 선택한 것은 차베스 '어게인'이었다. 경제위기 책임을 묻는 야당을 적폐로 몰았고, 위법을 찾아내 야당 핵심 인사들을 구속했다. 심지어 기존 국회를 무력화하기 위해 2017년에는 제헌의회 선거도 단행했다. 야당은 선거를 보이콧하고 대규모 반대 시위를 조직했지만 제헌의회를 막지는 못했다. 그 결과 정식 국회는 야당이 지배하고, 꼼수로 설립된 제헌의회는 여당이 지배하는 이중 의회가 만들어졌다.

위기의 결정타는 2018년 대통령 선거였다. 마두로는 선거를 보이콧한 사람은 대선에 참가할 수 없다는 규칙을 만들어 야당 후보의 대선 참가를 제한했다. 압도적 여소야대였던 국회는 2019년 대통령 선거를 인정하지 않았다. 그러고는 국회의장을 임시 대통령으로 하는 과도정부 수립을 선포했다. 하지만 과도정부는 군대와 대중의 지지를 얻지 못하고 반년 만에 붕괴했다. 정부가 경제위기에 제대로 대응할 리 없었다. 유통업체가 약탈당하고 곡물, 의약품 같은 생필품도 바닥날 지경이었다. 이런 와중에 2020년 코로나19 팬데믹이 덮쳤다. 수백 퍼센트의 하이퍼인플레이션이 계속되었고, 1인당 GDP는 50년 전으로 폭락했다. 반미 캠페인의 부정적 효과로 국제적으로도 고립됐다.

베네수엘라는 우리가 1~4장에서 살펴본 민주주의 타락의 경로를 잘 보여준다. 차베스와 후계자들은 여론의 지배가 곧 민주주의라고 여겼으며, 반미 선동과 석유 이익 분배로 여론을 장악했다. 입법부를 무력화시켰고 사법부는 자신의 인사들로 채웠다. 삼권 분립이나 민주주의 규범은 여론의 지배 앞에 쉽게 무시됐다. 기존 기득권을 대신해 대통령과 지대 동맹을 체결한 국민은 망가진 민주주의에 개의치 않았다. 반대세력을 탄압하는 걸 볼리바르 혁명이라고 정당화했다. 하지만 민주주의의 타락은 필연적으로 경제와 안보에 치명적 문제를 일으킨다. 석유 지대를 공유하는 것을 분배 정의라고 착각한 정부는 경제개혁에 소홀했다. 볼리바르 혁명에 경제학 법칙은 없었다. 21세기 세계 질서에 관한 진지한 분석도 없었다. 차베스의 뒤를 이은 마두로는 대통령 선거에서마저 최소한의 형식적 민주성을 파괴했다. 폭민정을 완성한 후에 장기 독재를 향해 나아가고 있는 것처럼 보인다.

이탈리아: 포퓰리즘 유산이 만든 비참한 결과

선진국 중에서 민주주의가 시나브로 타락하여 경제에 치명적 손해를 끼친 사례는 이탈리아다. 세계은행 자료에 따르면 2020년 이탈리아의 1인당 GDP(PPP 환율 기준)는 한국보다 4%가 낮다. G7 국가이며 남부 유럽을 대표하는 나라가 한국보다 경제력 수준이 낮아졌다. 이탈리아는 2008~2009년 세계금융위기 이후 10년 넘게 경제침체를 벗어나지 못했다. 독일, 영국, 프랑스 등과 비교해 봐도 끝이 보이지 않을 정도로 침체가 심각하다. 2018년 제노바의 노후화된 다리가 무너져 40

여 명이 죽은 사고는 이탈리아의 현재 상태를 상징하는 사건이었다. 50년 된 다리를 제때 보수하지 못한 것이 사고의 원인 중 하나였기 때문이다. 왜 이탈리아는 선진국 중에서도 세계금융위기에 유독 취약했을까? 그리고 왜 10년 넘도록 경제를 복구하지 못할까? 서유럽 포퓰리즘을 대표하는 이탈리아 특유의 정치에서 그 답을 찾을 수 있다.

현재 이탈리아가 겪고 있는 경제 위기의 뿌리는 1980~1990년대에 있다. 이 시기 이탈리아는 큰 변화를 겪었다. 정부 부채의 폭증이 당시 변화를 대표한다. 1970년대 말 GDP 대비 정부 부채비율은 50% 안팎이었다.[48] 그런데 1980년대 초부터 정부 부채가 급증해 단 십여 년 만에 부채비율이 120%로 뛰어올랐다. 심지어 이자율도 최악이었다. 금리가 최고 20%에 달할 정도였다. 이런 금리에서는 4년 만에 갚아야 할 돈이 두 배로 불어난다. 정부 재정의 상당 부분이 국채 이자를 갚기 위해 사용됐다. 부족한 재정은 다른 빚을 내어 메꿨다. 빚이 더 큰 빚으로 불어나는 눈덩이 사태가 1990년대 초까지 이어졌다.

이탈리아 정부의 눈덩이 빚은 미국의 정책 변화로 시작됐다. 1979년 미국은 인플레이션과의 전쟁에 돌입했다. 연방준비은행은 통화 긴축을 위해 단숨에 기준금리를 10%p 가까이 인상했다. 그 결과 기준금리가 20%에 육박했다. 1980년대 초 이탈리아도 이런 분위기에 맞춰 인플레이션을 낮추기 위한 총력전에 돌입했다. 출발은 중앙은행을 정부에서 독립시키는 것이었다. 정부 정책에 휘둘리지 않고 통화 정책을 수립하기 위해서였다. 그런데 이탈리아는 미국과 다른 특수한 사정이 하나 있었다. 중앙은행의 역할 중 하나가 시장에서 매각되지 못한 정부 국채를 의무적으로 매입하는 것이었기 때문이다. 1980년대부터 이탈리아 중앙은행은 정부 국채를 이전처럼 매입하지 않았다. 정부는 시중 금리에 맞춰 국채를 발행해야 했다. 정부 앞에는 두 가지 선택지가 있었다. 재정 긴축으로 국채를 덜 발행하든지, 아니면 국채 투자자를 끌어모을 만큼 국채 금리를 높이든지. 1980년대 이탈리아 정부의 선택은 후자였다.

이탈리아 정부는 1980년대 내내 재정 적자 규모를 키웠다. 이때 상승한 정부 부채비율이 60%p 이상이었다. 그런데 왜 정부는 이다지도 부채에 무책임했을까?

이 시기의 총리 목록에서 답을 찾을 수 있다. 1946년부터 1979년까지 34년간 총리가 바뀐 횟수는 19번이다. 한 총리가 대략 1.8년 정부를 이끌었다. 재임 기간이 긴 건 아니었지만 총리는 모두 기독교민주당(기민당) 소속이었다. 정당을 통해 정부의 연속성이 그럭저럭 이어졌다. 1980년부터 1999년까지 20년간 총리 교체 횟수는 14번이다.

총리 평균 재임 기간이 1.4년으로 감소했다. 총리 소속 정당은 공화당, 사회당, 기민당, 올리브나무, 전진이탈리아, 무소속 등으로 다양했다. 1980~1990년대 이탈리아는 총리도, 내각을 주도하는 정당도 자주 바뀌었다. 주변 나라와 비교해 봐도 이탈리아 정부의 불안정성은 도드라져 보인다. 독일에서는 이 시기에 단 한 번의 총리 교체만 있었다. 영국에서는 3번 있었다. 이탈리아의 정부 교체는 비정상적으로 많았다. 정부 교체가 지나치게 잦으면 정책의 일관성이나 장기 전략 수립이 어렵다. 선거 정치가 극대화하기 때문에 정치인들이 여론에 극도로 민감할 수밖에 없다. 재정 긴축 같은 대중이 싫어하는 정책은 입 밖으로 꺼내지도 못한다.

1980년대 이탈리아는 혼란이 수습되지 않았다. 기민당은 해결책을 제시하지 못했고, 사회주의권의 몰락으로 제1야당 역할을 한 공산당도 힘이 약화했다. 이탈리아 선거 제도는 정당 득표율에 따라 의원 숫자가 정해지는 단순비례대표제였다. 이런 선거제에서는 소수 정당이 난립하기 쉽다. 이런 조건에서 정국을 주도하는 정당까지 약화했으니 선거 경쟁이 과열되는 건 필연적이었다. 그러면 정치적 혼란과 선거 경쟁이 결합할 때, 정치인에게 무엇이 필요하겠는가?

우리가 2장에서도 봤던 '금권'이다. 선거에는 돈이 필요하다. 이탈리아는 다른 유럽 국가보다 지역주의와 연고주의 전통이 강하다. 공정한 경쟁, 사적 관계에 좌우되지 않는 제도가 상대적으로 약했다. 선거 경쟁이 치열해질수록 정치자금을 매개로 한 정경유착이 확대될 가능성이 컸다. 1980년대 정치 상황이 불씨에 기름을 끼얹었다. 대기업부터 지역 마피아까지 정경유착이 크게 확대됐다. 개혁은 고사하고 부패가 경제에 더 큰 짐을 지웠다.

1992년 결국 터질 일이 터지고야 말았다. 밀라노 요양원 비리 수사를 계기로 대규모 정치인 부패가 폭로됐다. 일군의 검사들이 '깨끗한 손'이라는 캐치프레이즈를 내걸고 대대적인 부패 정치인 수사에 나섰다. 7명의 장관이 사퇴했고, 기업가와 정치인 1000여 명이 처벌받았다. 장기 집권한 기민당뿐만 아니라 1980년대 중반에 잠깐 집권했던 사회당까지 부패에 연루됐다. 최초의 사회당 총리인 베니토 크락시는 튀니지로 망명했다. 검찰발 적폐청산이 1990년대 초반 이탈리아 정치와 경제를 강타했다. 결과는 어땠을까? '깨끗한 손'을 통해 이탈리아 정치는 이전보다 진일보한 개혁을 이뤄냈을까?

부패한 기성 정치를 대체한 건 민주주의 규범의 재건이 아니었다. 깨끗한 손 운동에서 출현한 대중 행동은 검찰을 응원하는 것에 집중했다. 여론을 움직인 것도 신문과 텔레비전이었다. 정당은 무기력했다.

국민 중 절반 가까이가 정당이 필요 없다고 생각한다는 여론 조사가 있을 정도였다. 1993년 이런 분위기에서 국회는 선거 제도를 대폭 바꿨다. 의석수의 75%는 다수대표제(선거구에서 1등만 당선)로 뽑고 나머지 25%는 기존처럼 비례대표(정당 득표율에 따라 의원 숫자를 배정)로 뽑는 방식이었다. 다수대표제는 비례대표제보다 군소 정당에 불리하다. 선거 제도 개혁은 1980년대 같은 정당 난립과 잦은 내각 교체를 줄이는 것이 목표였다. 하지만 놀랍게도 새로운 선거 제도는 기존 정당의 안정이 아니라 몰락으로 이어졌다. 여론은 30년 이상 제1, 제2 정당 자리에 있었던 기민당과 공산당을 축출했다.

우여곡절을 거쳐 1994년 총선에서 미디어 재벌인 베를루스코니Silvio Berlusconi가 급조한 전진이탈리아Forza Italia가 제1당이 되었다. 전진이탈리아는 정치 정당보다는 베를루스코니가 소유한 기업에 가까웠다. 당원은 그가 소유한 기업의 종사자들이 다수였다. 강령이나 비전도 불분명했다. 당은 '여론 조사'에 의한 정부 운영을 표방했다. 좌파 정책이든 우파 정책이든 여론 조사의 선호도로 실행을 결정한다는 것이었다. 전진이탈리아는 여론 조사에 의한 통치를 직접 민주주의로 프레이밍했다.[49] 깨끗한 손 운동으로 정당 정치에 대한 극도의 불신이 팽배해지자, 지식인들과 언론은 직접 민주주의를 대안으로 자주 거론했다. 베를루스코니는 이러한 여론을 효과적으로 흡수했다. 베를루스코니의 성공 이후 이탈리아 정치는 좌·우파를 가리지 않고 여론이 곧 민주주의고, 여론을 조작하기 위해 미디어와 직접 민주주의를 이용하는 게 정치라는 분위기가 팽배했다. 예로 1990년대 이전 40여 년 동안 6번 있었던 국민투표는 1990년대 이후 30년간 16번이나 이뤄졌다. 2년에 한 번꼴로 국민투표를 한 셈이었다. 이런 정치 분위기에서 2000년대에는 베를루스코니가 8년간 총리 자리를 차지했다. 그는 정경유착, 성추문 등으로 수차례 기소당했고, 이탈리아 정치는 십수 년간 그를 둘러싼 추잡한 논란으로 시끄러웠다. 그럼에도 대중은 그를 지지했다. 대체 어떻게 이런 일이 가능했을까?

정치 전문가들은 두 가지를 지적한다. 엔터테인먼트와 이권이다. 베를루스코니는 자신이 거느린 언론을 이용해 정치를 기상천외한 악당들이 출현하는 드라마처럼 보이게 만들었다. 자신도 악당이다. 그런데 그는 밉지 않은 친근한 악당이다. 미디어와 정치의 경계가 허물어지자 사람들은 위선적 악당인 기성 정치인보다 내 이웃 같은 친근한 악당 베를루스코니를 지지했다. 한국의 소셜네트워크 정치와 비슷했다고 보면 된다. 각종 사회적 물의를 일으키는 정치인도 팬들이 모여 있는 유튜브나 페이스북에서는 영웅 대접을 받는다.

이권은 세금과 탈규제가 핵심이었다. 어느 나라나 비슷하긴 하지만 정치 부패가 극심했던 이탈리아에서는 세금에 대해 불만이 많았다. 베를루스코니는 한국의 허경영이 외쳤던 구호 "나라에 돈이 없는 게 아닙니다. 도둑놈이 많은 겁니다!"와 비슷한 이야기를 많이 했다. 재벌답게 각종 이권이 걸린 규제철폐 공약도 여럿 제시했다. 폴리비오스가 《역사》에서 분석했던 로마공화정의 종말, 즉 이권으로 뭉친 폭민이 지배하는 민주정이 21세기 이탈리아에서 재현됐다.

이탈리아 경제는 정치적 혼란 와중에도 2008년 이전에는 그럭저럭 성장했다. 호황이었던 세계 경제의 덕을 봤다. 화폐통합으로 탄생한 유로의 혜택도 봤다. 하지만 이탈리아 경제는 1980~1990년대 발생한 두 가지 기저질환을 가지고 있었다. 첫째, 높은 정부 부채비율이다. 이탈리아 정부의 부채비율은 2000년대 초반에 20%p 낮아지긴 했지만 그래도 여전히 100%에 달할 정도로 높았다. 둘째, 자본투자 축소였다. 이탈리아 기업들은 1990년대 초반에 정경유착으로 수없이 구속되면서 투자를 대폭 삭감했다. 1990년대 중반부터 다시 증가하긴 했지만, 정부 정책에 대한 신뢰가 낮다 보니 기업들이 외부 변화에 민감하게 반응했다. 정부가 악당들의 정치 영화판일 뿐이라고 여긴 베를루스코니는 이탈리아의 기저질환을 치료할 생각이 아예 없었다. 총리가 개혁의 메시지가 아니라 막장 드라마 주인공 같은 엽기 행각으로 뉴스에 보도되는 경우가 더 많았다.

이탈리아의 기저질환은 2008~2009년 세계금융위기가 발발하자 치명적 질병으로 나타났다. 우리가 3장에서 살펴봤듯, 타락한 민주주의는 불황이 닥칠 때 그 실체를 드러낸다. 우선 부채가 많았던 정부가 금융위기에 제대로 대응하지 못했다. 이탈리아 정부는 전례 없는 금융위기에 이전보다 재정지출을 조금 더 늘렸을 뿐이다. 그런데 부채비율이 순식간에 130%로 상승했다. 원래 부채비율이 높았던 탓이다. 더욱 문제는 자본투자가 급감한 것이었다. 자그마치 30%가 감소했다. 정부에 대한 신뢰가 낮았던 기업들은 130% 부채비율을 기록한 정부를 이전보다 더 믿을 수 없었다. 투자가 줄어드니 경제는 더 침체했다. 독일과 프랑스는 금융위기 이후 2~4년 사이 회복했다. 하지만 이탈리아는 10년이 지나도 위기가 이어졌다. 경제가 성장하지 않으니 정부 부채비율이 낮아질 리도 없었다. 정부가 아무리 허리띠를 졸라매도 부채비율이 증가했다. 정부가 일관된 정책을 편 것도 아니었다. 2010년대에도 총리는 6번이나 교체됐다.

2018년 총선에서는 또 한 번 깜짝 놀랄 일이 벌어졌다. 중도-좌파 연합이 몰락하고, 그 자리를 오성운동이 차지한 것이다. 오성운동은 온라인 버전의 1994년 전진이탈리아였다. 당은 기성 정당에 대한 반정립으로 직접 민주주의만 주야장천 강조했다. 오성운동은 온라인 게시판에서 제안된 정책을 인기투표로 선정해 공약으로 삼았다. 유명한 코

미디언이었던 당 창립자 베페 그릴로는 SNS를 이용해 자신의 이미지를 혁신적 사회운동가이자 유능한 정치인으로 만들었다. 베를루스코니가 여론조사 기업과 언론 기업을 이용해서 하던 일을 그릴로는 온라인으로 싼 비용에 해냈다. 오성운동은 앞뒤가 안 맞는 노골적인 포퓰리즘 공약을 남발했다. 반이민-반유로-반유럽을 내세워 이탈리아 경제침체의 책임을 외부로 떠넘겼고, 복지는 늘리면서 세금은 깎겠다고 약속했다. 이런 우스꽝스러운 정당이 총선에서 돌풍을 일으키며 압도적 제1당으로 올라섰다. 극우파 정당인 '동맹'과 연립정부를 수립한 후에는 정치 경험이 없는 법학 교수를 총리로 세웠다.

포퓰리즘 '끝판왕' 정부가 개혁에 성공하긴 어려웠다. 오성운동은 선거운동 당시 유로 체제에서 벗어날 것처럼 캠페인을 벌였다. 하지만 당선 후 직면한 현실은 정반대였다. 빚더미를 짊어진 이탈리아 정부가 유로 이전의 '리라'화로 돌아가면 자국민조차 외국으로 탈출할 판이었다. 감세와 복지를 함께 추진하겠다는 공약도 현실성이 없었다. 정부 부채에는 제한이 분명했다. 감세도 복지도 이행할 수 없었다. 이탈리아의 2019년 경제 성장률은 0%대였다. 오성운동 내각은 도약은커녕 추락만 간신히 막았다. 그러던 중 2020년 초 코로나19 대유행 사태가 터졌다. 긴급한 대응에 정부 부채비율은 150%로 급등했고, 경제 성장률은 -9%로 급락했다.

이탈리아 사례는 선진국이라 하더라도 민주주의가 얼마든지 타락할 수 있다는 점을 잘 보여준다. 타락한 민주주의는 평상시에는 괜찮아 보이지만, 외부에서 위기가 닥치면 문제점이 곧바로 드러난다. 이탈리아의 포퓰리즘 유산은 2008년 세계금융위기 때 나라 경제를 침몰시켰다. 엄청난 부채와 민간의 불신이 정부의 손발을 묶었다. 엉망이 된 경제는 포퓰리즘 정치가 커지는 비옥한 토대다. 21세기 내내 경제위기와 포퓰리즘 정치가 서로를 증폭시켰다.

한국은 '때'를 놓치지 않고 개혁에 나설 수 있을까?

두 나라의 사례가 한국에 주는 시사점이 작지 않다. 먼저 베네수엘라의 타락에 현실감을 부여하기 위해 한국과 비교해보겠다. 1970년대 말 베네수엘라의 1인당 GDP는 한국의 3배에 달했다. 폴리티 점수는 베네수엘라가 완전한 민주주의에 근접한 9점, 한국은 완전한 독재에 근접한 −8점이었다. 1990년대 중반에는 경제와 정치에서 두 나라가 비슷했다. 1인당 GDP는 한국이 20% 정도 높았고, 폴리티 점수는 베네수엘라가 8점, 한국이 6점이었다. 2010년대 말에는 두 나라 상태가 완전히 뒤바뀐다. 한국의 1인당 GDP는 베네수엘라의 3배가 됐고, 정부는 한국이 완전한 민주주의, 베네수엘라가 완전한 독재에 근접했다. 반세기 만에 두 나라 사정이 완전히 반대가 됐다. 민주주의가 타락하는 속도가 빨라지면 상황이 뒤집히는 건 한순간이다. 우리는 베네수엘라의 경험을 못사는 남미 나라의 이야기라고 치부해서는 안 된다.

이탈리아 정치는 여러모로 한국에 반면교사다. 2010년대 후반 이후 한국 정치가 1990년대 이후 이탈리아 정치와 닮아서다. 먼저 한국의 대통령 탄핵과 적폐청산은 이탈리아의 깨끗한 손 운동처럼 사법기관에 의한 대대적 정치인 숙청으로 이어졌다. 대중이 정부 개혁이 아니라 적폐를 청산하는 사법기관에 열광한 점도 비슷했다. 직접 민주주의가 강조되며 여론에 따라 좌우되는 정책이 만연하고, 미디어 정치가 크게 확대된 것도 한국과 이탈리아가 공유하는 점이다. 경제성장률이 하락하는 가운데 정부 부채비율이 급증한 현상도 닮았다. 여론이 지배하는 정부는 고통이 수반되는 경제개혁과 재정개혁에 힘을 집중할 수 없다. 포퓰리즘 정치의 영향을 받은 사회 현상도 비슷한 구석이 많다. 포퓰리즘 정치는 기본적으로 진영을 나누어 적대적 대결을 부추긴다. 남녀, 세대, 지역, 인종 등의 갈등이 폭발한다. 1990년대 이탈리아에서는 베를루스코니의 등장을 계기로 정치인들의 각종 혐오 발언이 쏟아졌다. 2020년대 한국 사회에서 펼쳐지는 페미니즘, 세대 간 공정성, 난민 혐오 등의 논란은 마치 당시 이탈리아 사회를 한반도에 옮겨놓은 것처럼 보인다. 이탈리아가 1990년대 이후 30년간 추락한 사례가 그 저 남의 나라 일이 아니다.

한국의 민주주의도 타락의 끝에서 이들 나라와 비슷한 격변을 겪게 될까? 불행하게도 한국의 상황은 폭민정의 도래와 이후 파국을 암시하는 것 같다. 우리는 민주주의의 타락을 멈추기 위해 긴급한 행동에 나서야 한다. 나는 우리가 할 수 있는 것이 아직은 남아 있다고 믿고 있다.

다만, 어떤 행동에는 때가 중요하다는 점을 잊지 말자. 예를 들면 조선이 식민지 신세를 면하기 위해 뭔가를 할 수 있었던 시간은 강화도조약부터 청일전쟁 전까지 20여 년뿐이었다. 분단된 한반도에서 통일전쟁을 방지하기 위해 민족적 행동에 나설 수 있었던 시간은 해방 직후부터 중국 혁명 전까지 4년뿐이었다. 정세를 읽지 못하고 때를 놓치면 국민이 큰 곤욕을 치른다. 지금 한국이 이전에는 놓쳤었던 역사의 분기점에 다시 서 있는 것 같다. 자, 2020년대의 우리는 무엇을 해야 할까?

6장

결론 |
민주주의
구하기

한국의 민주주의 개혁은 세 방향에서 접근해야 한다. 첫째, 저성장 불평등이라는 시대 조건에 적합한 개혁. 둘째, 미·중 갈등과 북핵이라는 동아시아 안보위기에 효과적으로 대처할 수 있는 개혁. 그리고 마지막으로 대통령이 제왕적 권력을 내려놓는 결단.

지금까지의 내용 요약

지금까지 나는 촛불정부(문재인 정부)를 분석해 왜, 어떻게 한국의 민주주의가 타락하고 있는지 밝히려 했다.

이 책에서 주목한 것은 여론의 지배라는 민주주의 고유의 결함이다. 촛불정부는 민주주의를 여론 또는 대중의 감정을 따르는 것으로 간주했다. 박근혜 탄핵 촛불집회 때 만들어진 흐름이 정부의 성격으로 굳어졌다. 하지만 여론의 지배는 도리어 민주주의를 위기로 이끈다. 여론을 주도하는 대중이 나머지 대중을 핍박할 때, 대중의 감정으로 비과학적 정책을 밀어붙일 때, 국민의 자유와 풍요는 민주주의의 이름으로 퇴보한다.

여론의 지배로 왜곡된 민주주의는 경제에 직접 영향을 미친다. 촛불
정부는 대중의 불만을 정치적 지지로 끌어낼 목적으로 경제정책을 수
립했다. 소득주도성장, 부동산 투기꾼 책임론, 착한 적자론 같은 경제
정책이 대표적 사례다. 민주주의는 공정한 규칙을 확립해 국민의 잠재
력을 최대한 끌어내는 정부체제다. 그러나 민주주의가 여론의 지배로
편향되면 문제가 생긴다. 정부가 여론 주도층의 이해에 따라, 대중의
감정에 따라 제도를 바꾸고 운영하기 때문이다. 특히 어떤 이유로 경
제가 침체에 빠졌을 때 피해를 크게 증폭시킨다. 시장의 실패에 대응
해야 할 정부마저 실패하는 탓이다.

촛불정부와 그 지지자들이 공유하는 역사관은 여론을 무기로 사용
하는 민주주의에 친화적이다. 이 역사관은 한국 현대사를 분단을 중
심으로 파악한다. 그리고 분단의 원인이자 분단을 재생산하는 친일잔
재 또는 보수를 청산하는 것이 민주주의의 발전이라고 주장한다. 하지
만 이런 역사관은 세계경제사, 냉전사, 사회주의 역사를 제대로 파악하
지 못한 것이다. 역사가 주는 교훈도 제대로 얻을 수 없다. 더욱이 국내
만이 아니라 대외 관계에서도 문제를 일으킨다. 반일 민족주의와 같은
대중 감정을 자극하는 정치로는 동아시아 위기의 원인이 무엇인지, 한

국과 주변국의 핵심 이익이 무엇인지 파악할 수 없다.

촛불정부는 제왕적 대통령제라는 정부 형태를 통해 결함이 증폭되었다. 한국의 대통령제는 온전히 퇴임한 대통령이 없다는 사실로도 이미 그 실패가 증명됐다. 촛불정부는 탄핵 사태의 원인이었던 대통령제를 개혁하는 일에 나서지 않았다. 제왕적 대통령제는 엘리트를 위한 가성비 좋은 지대 추구 수단이다. 엘리트가 대통령 한 명만 포획하면 여러 특권을 누릴 수 있다. 제왕적 대통령제를 매개로 여론의 지배와 엘리트의 지대 추구가 묘한 균형을 찾아 민주주의 개혁을 가로막는다.

폴리비오스가 정체순환론에서 경고했던 바는 오늘날에도 유효하다. 그는 민주정의 타락 다음에 장기독재가 나타난다고 경고했다. 타락한 민주정, 즉 폭민정은 여론 주도층이 지대 추구를 위해 민주주의 규범을 무시하는 폭민으로 변모할 때 등장한다. 민주주의를 외양으로 삼아 시민들이 정치적·경제적 내전을 벌이는 상태가 계속되면 국민은 환멸 끝에 사태를 해결할 독재자를 찾는다. 민주정의 타락이 주권자 국민의 선택이라는 점을 유념해야 한다.

우리는 지금 당장 민주주의를 구하기 위해 긴급한 개혁에 나서야 한다. 베네수엘라나 이탈리아 사례는 한국 민주주의에 대한 경고이다. 한국은 대통령제 정부이니 대통령이 앞장서는 게 중요할 것이다. 제왕적 권력은 개혁의 대상이면서 동시에 개혁을 가로막는 핵심 장애물이다. 물론 시민적 합의는 전제 조건이다. 대통령만이 아니라 시민들이 먼저 오늘날 민주주의에 관해 깊이 성찰해야 할 것이다.

놓치면 안 되는
개혁의 시간

2020년 한국의 1인당 GDP는 G7 멤버인 일본, 이탈리아를 넘어섰다. 20년 전만 해도 한국의 경제 수준은 저 두 나라의 절반밖에 되지 않았다. 한편에서 보면 한국이 대단한 성취를 이룬 것이고, 다른 한편에서 보면 일본과 이탈리아에 무엇인가 큰 문제가 발생한 것이다.

서 있는 자리가 바뀌면 보이는 풍경도 바뀌어야 한다. "우리도 한 번 잘살아 보세"라고 외치며 가난에서 벗어나기 위해 기를 쓰던 한국 사회와, 명실상부 고소득 국가 반열에 선 한국 사회가 바라보는 세계의 모습이 같을 수 없다. 추격성장 시기 한국 사회가 보았던 세계의 풍경은 선진국이 이룬 성취와 풍요였다. 그러면 지금은 어떠한가? 선진국을 따라잡자고 다그치는 정치인들이 있는 것을 보면, 아직도 이전 풍경을 보고 있는 사람이 적지 않은 것 같다. 하지만 이는 착각이고 환상이다. 예전 풍경은 눈앞에서 치우고, 지금 선 자리에서 보이는 풍경을 직시해야 한다.

2020년대 한국 사회가 주의 깊게 관찰해야 할 세계의 풍경은 '선진국의 실패'다. 선진국 반열에 막 진입한 우리나라가 추락하는 선진국들과 비슷한 모습을 벌써 닮고 있어서다. 단적인 예로 일본과 이탈리아는 인구절벽 문제에 부닥쳐 경제 성장이 크게 둔화한 대표적 사례인데, 2020년대 한국이 두 나라의 20세기 말 인구절벽 기록을 모두 깨고 있다. 극심한 세대 갈등, 공공부문 부패도 닮았다. 한때 '넘사벽'처럼 보였던 초강대국 일본과 이탈리아는 언제 어떤 문제에 부닥쳤고, 왜 그 문제를 해결하는 데 실패했을까? 한국은 과연 그들과 다를 수 있을까?

일본은 1990년대 초까지 유럽 나라들보다 경제력이 5~10년은 앞섰을 정도로 역동적이었다. 비슷한 시기 이탈리아 역시 독일과 어깨를 견주던 제조업 강국이자 유럽 경제의 맹주 중 하나였다. 하지만 현재 이 두 나라는 끝을 알 수 없는 긴 침체의 터널 속에 있다. 1990년대 초반 이후 일본의 역사를 '잃어버린 30년'이라고 부른다. 이탈리아는 2008년 세계금융위기 이후 유럽연합의 짐으로 평가받는다.

흥미로운 점은 우연인지 필연인지 두 나라 모두 경제 수준이 비슷한 단계에 이르렀을 때 추락하기 시작했다는 것이다. 국가별 비교에 최적화된 1인당 GDP 데이터를 제공하는 매디슨 프로젝트Maddison Project 자료를 보자. 두 나라는 1인당 GDP가 3만 달러(2011년 PPP 달러 기준) 부근에 있을 때 본격적으로 문제가 발생했다. 일본은 1991년에 3만 달러에 도달했다. 그러고는 바로 부동산 거품이 꺼지며 장기 불황이 시작됐다. 이탈리아는 1998년에 3만 달러에 도달했다. 일본처럼 바로 위기에 빠지지는 않았는데, 2000년 출범한 유로체제 덕분이었다. 하지만 올 것은 오고야 만다. 세계금융위기로 유로 효과가 사라지자 곧바로 침몰했다.

비슷한 속도로 성장하던 G7 국가들 사이에서 분기가 발생했던 시점도 이 3만 달러 부근이었다. 이 지점에 도달한 나라들은 모두 어떤 식으로든 어려움을 겪었는데, 미국, 캐나다, 독일은 잠시 주춤한 후에 성장을 재개했고, 영국과 프랑스는 성장이 장기간 둔화했으며, 일본과 이탈리아는 아예 추락했다.

이런 분기의 원인이 무엇일까? 어떤 수준의 경제력에 다다르면 필연적으로 발생하는 곤란이 있는 것일까? 3장에서 봤던, 민주주의가 경제에 미치는 영향에서 단초를 찾을 수 있다.

세상에 완전무결한 시장은 없다. 시장은 항상 크든 작든 실패의 연속이다. 그래서 장기적 경제 성장은 정부의 시장 실패 대처 능력에 큰 영향을 받는다. 특히 경제 수준이 높아질수록 정부의 대처 능력이 더욱 중요해진다. 복잡한 이유로 시장이 실패하고, 그 파급 범위도 넓어지기 때문이다. 그래서 정부가 얼마나 시장 실패에 효과적으로 대응할 수 있는지에 따라 나라 경제의 잠재적 크기가 결정된다. 정부 대처 능력의 토대는 바로 민주주의다. 경제가 어느 정도 성장하면 독재 정부의 결단력은 독단의 폐해로 되돌아온다. 과학적 분석을 경시하고 여론에 따라 정책을 결정하는 포퓰리즘은 시장의 실패를 키운다. 요컨대, 경제력이 흐르는 물이라면 민주주의는 그릇이다. 그릇의 크기만큼 물을 담는다. 민주주의 수준이 경제적 수준의 상한선을 정한다.

일본과 이탈리아가 비슷한 경제적 수준에서 곤란에 처한 것은, 두 나라의 민주주의가 담을 수 있는 경제력의 크기가 그만큼이었기 때문이다. 이탈리아의 경우는 5장에서 이미 살펴봤다. 일본도 사정이 이탈리아와 비슷했다. 일본에서는 1980년대 말 대규모 부패사건이 터지며 정치에 관한 국민적 환멸이 높아졌다. 총리가 연달아 바뀌었고, 야당 연합이 수십 년 만에 정권 교체에 성공했다. 하지만 연립정부는 극도로 무능했다. 정략적 계산과 여론에 따라 정책이 춤을 췄고, 거품 붕괴 대응에도 실패도 했다. 이 과정에서 가장 오래된 제1야당(사회당)이

무너졌고, 이후 고이즈미로 대표되는 자민당발 포퓰리즘 정치가 활개를 쳤다.[50]

G7 나라 중 지속해서 경제 성장에 성공한 미국과 독일과 비교해 봐도, 두 나라의 민주주의 타락이 경제에 경제에 미친 영향은 분명하게 드러난다. 미국의 레이건 행정부는 1인당 GDP가 3만 달러에 진입한 1980년대 초에 케인스주의 부작용을 해결하는 일련의 정책 개혁을 단행했다. 자산과 소득의 격차를 키우는 부작용이 상당했지만, 어쨌든 여론에 좌우되지 않고 의회와 함께 경제학적 근거를 가지고 1970년대의 스태그플레이션을 해결했다. 1990년대 말에 1인당 GDP가 3만 달러에 도달한 독일에서도 대대적인 개혁이 진행됐다. 사민당의 슈뢰더는 자신의 지지 세력인 노동조합의 반대에도 불구하고 연금과 노동시장 개혁에 나섰고, 포퓰리즘과 거리를 두며 당대 필요한 일들을 추진했다. 슈뢰더, 메르켈 총리로 이어지는 21세기의 독일 정부는 유럽에서 포퓰리즘과 가장 거리가 먼 정부로 평가받는다.

한국은 어떨까? 지금까지는 이탈리아, 일본의 궤적을 그대로 따라가는 것처럼 보인다. 한국의 1인당 GDP는 박근혜 탄핵 전후로 일본과 이탈리아가 추락을 시작했던 때와 같은 수준에 올라섰다. 2010년대 중반 한국경제 수준은 거품 붕괴 직전의 일본, 베를루스코니 시대의 이탈리아와 비슷하다. 문재인 정부 시기에는 성장률이 곤두박질쳤고, 인구 감소와 사회 갈등도 극심해졌다. 두 나라가 타락한 민주주의 함정에서 허우적거리던 때와 비슷하다.

앞서 살펴봤듯, 한국의 민주주의는 급속도로 타락하고 있다. 대통령 탄핵 사태까지 겪었지만, 상황은 도리어 악화했다. 현재의 민주주의가 담을 수 있는 경제력의 크기가 최대치에 달했다는 경고가 여기저기서 들려온다. 그런데 한국의 민주주의 역사는 일본과 이탈리아보다도 훨씬 짧다. 축적된 규범도 적다. 그래서 경제 성장에 맞추어 민주주의가 성숙하지 못하면, 두 나라보다 훨씬 큰 위기를 겪을 수 있다.

한국의 민주주의 개혁은 미룰 수 없는 시급한 과제다. 무엇을 어떻게 개혁해야 할까? 책을 마무리하며 개혁 과제를 정리해보겠다.

저성장·불평등 시대에 적합한 민주주의

민주주의를 개혁한다는 의미부터 생각해보자. 개혁은 새로운 정부체제나 지금까지 생각하지 못했던 어떤 제도를 만드는 게 아니다. 민주주의가 원래의 의미대로, 원래 목표했던 것을 향해 잘 작동하도록 만드는 것이다. 민주주의는 종교가 아니다. "예수 천국, 불신 지옥" 같은 절대적 믿음이 아니라 "민주 행복, 독재 불행"이라는 현실 경험에 기초해 있다. 실용적 필요를 만족시켜주지 못하면 민주주의도 신뢰를 잃는다. 그렇다면 사람들이 민주주의를 통해 얻고자 하는 바는 무엇일까? 넓은 의미로 보면 자유와 풍요일 것이다. 자유와 풍요는 우리가 근대 또는 현대라 부르는 이 세계의 토대다. 구속과 빈곤에서 벗어나려고 인간의 이성과 노력을 총동원해 만든 정부체제가 바로 역사 속의 민주주의다. 데이비드 헬드는 《민주주의의 모델들》에서 여러 민주주의 모델들이 공유하는 자유와 풍요의 열망을 다음과 같이 구체화했다.[51]

1. 정치적 권위와 억압적 권력의 자의적 행사로부터 개인을 보호한다.
2. 자신이 속한 결사체association의 조건을 결정하는 데 시민들이 참여한다.
3. 모든 인류가 그들의 본성을 계발하고 다양한 특성을 발현할 수 있는 최선의 환경을 창출한다.
4. 자원의 이용 가능성을 극대화하는 경제적 기회를 확대한다.

민주주의는 시민이 이 네 가지 효용을 누릴 수 있는 가장 현실적인 정부체제다. 민주주의의 타락도 시민들이 저 효용을 충분히 누리지 못할 때 발생한다. 본성을 계발할 수 있는 환경과, 자원을 이용할 수 있는 경제적 기회가 제한될 때, 지대 추구로 상황을 타개하려는 시민들이 정부를 주도하여 권력을 자의적으로 행사하는 것. 이것이 앞선 장에서 봤던 폭민의 정부에 관한 정의라 할 수 있다. 그렇다면 민주주의는 현재 어떤 점에서 그 효용을 잃고 있을까?

위 네 가지 효용 중 앞쪽 두 개부터 무너지는 상황은 이 책이 다루는 범위는 아니다. 예를 들어 잘 돌아가던 민주주의에서 갑자기 군부 쿠데타로 독재 정부가 들어서고, 정부와 의회가 느닷없이 보통선거권을 제한하는 상황은 한국에서 상상할 수 없다. 세계에서 이런 일들이 없는 것은 아니나 우리가 당장 경계할 일은 아니다. 최근의 민주주의 위기는 결국 뒤쪽의 두 효용에서 어떤 문제가 발생한 것이 원인이다.

토마 피케티Thomas Piketty가 '세습 자본주의'라고 이름 붙인, 경제적 불평등이 장기적으로 확대되는 현상에서 정답의 실마리를 찾을 수 있다. 그는 《21세기 자본》에서, 자본주의에서는 필연적으로 세습되는 불평등이 커질 수밖에 없다고 주장했다. 근거는 이렇다. 자본주의에서 재산 소유권은 절대적으로 보호받는다. 시장에서 거래되는 자산은 장기적으로 예금 금리보다 높은 수익률이 보장된다. 금리가 장기간 마이너스인 비현실적 경제가 아닌 한, 자산 소유자는 어느 정도의 소득을 항상 얻는다. 그런데 생산된 가치(국내총생산)가 감소해도 자산 소득의 양이 일정하다면, 그것을 뺀 나머지인 노동 소득은 감소하게 된다. 즉 경제가 충분히 성장하지 않으면, 재산 소유자가 분배의 주도권을 쥔다. 능력이나 실적에 따른 분배는 경제의 작은 부분만 차지할 뿐이다. 더군다나 개인의 능력은 세습되지 않지만, 재산은 가족 또는 가문이 함께 키워 세습할 수 있다. 요컨대, 경제가 지속해서 충분히 성장하지 않으면, 재산이 많은 사람이 노동 능력이 뛰어난 사람보다 경제 성과의 분배에서 유리한 위치를 점할 수밖에 없다.

능력주의가 자본주의와 궁합이 잘 맞는 것처럼 사람들에게 인식되는 이유는 20세기의 특별한 경험 때문이다. 19세기 말까지 자본주의는 노동자 소득과 대중적 소비가 지금처럼 증가하는 경제가 아니었다. 성공한 사람들 대부분은 좋은 가문 출신의 자산가들이었다. 정치에서도 보통선거권이 제한적이었다. 이런 분위기가 확 바뀐 것은 20세기 초 두 차례의 세계대전 이후였다. 전후 30년 가까이 고도성장이 이어지며 자산 소유자보다 일하는 사람이 분배의 주도권을 쥐었다. 더군다나 전쟁으로 기존에 세습된 자산이 많이 파괴됐다. 일하는 사람이 주도권을 쥐니, 실적에 따른 분배라는 능력주의도 잘 구현됐다. 자기 계발을 할 수 있는 환경이 더 많은 사람에게 제공됐고, 경제적 기회도 확대됐다. 개천에서 용이 마구 승천하던 시대였다. 정치적 자유와 참여도 늘어났다. 민주주의의 효능감이 커졌다. 이렇게 만들어진 관념이 우리가 보통 이야기하는 능력주의와 민주주의다.

그러나 1970년대부터 상황이 바뀌었다. 무엇보다 이전 같은 고도성장이 나타나지 않았다. 장기 저성장 시대가 시작됐다. 신자유주의 개혁은 소유권을 더 넓고 완벽하게 보호했고, 자산을 쑥대밭으로 만드는 전쟁이나 혁명은 없었다. 냉전이 끝난 뒤에는 자산 소유자에게 압도적으로 유리한 금융 주도 세계화가 팽창했다. 세습된 재산이 주도권을 가지는 경제가 다시 도래한 것이다. 피케티는 자산 소유가 얼마나 경제를 주도하는지를 국내총생산 대비 국내 자산의 크기로 수치화한다. 이 수치(피케티의 β)가 상승하면 자산 주도권이 커지는 것이다. 그의 추계에 따르면 미국과 서유럽에서 β는 18~19세기 600~700%였고, 20세기 초중반에 200~300%로 하락했다가 20세기 후반부터 다시 급상승했다. 21세기에는 600% 이상으로, 19세기 수준이 되었다. 그 결과 20세기의 능력주의는 환영으로만 남고 실체가 사라졌다. 인류 문명의 탄생과 함께 수천 년간 이어진 세습의 시대가 다시 시작됐다.

세습적 불평등이 커지면 세 번째 민주주의 효용, 즉 본성을 계발하고 특성을 발현할 수 있는 최선의 환경을 창출하는 데 문제가 발생한다.

그런 최선의 환경 자체가 의미가 없어서다. 예로 고등학생의 꿈이 건물주가 되어 세습적 불평등의 상위 자리를 차지하는 것이라면, 대학생이 미래에 대한 기대를 접고 재능이나 개성과 무관하게 공무원 시험만 준비한다면, 교육받을 권리와 공정한 경쟁을 보장하는 제도가 마련된들 의미가 크지 않을 것이다. 민주주의 효용의 네 번째, 경제적 기회의 확대 역시 한계에 부딪힌다. 세습 자본주의에서는 시간이 흐를수록, 세대가 지나갈수록 불평등이 커지기 때문이다. 30년 전 건물주와 노동자의 차이가, 건물을 세습받은 20대와 비정규직으로 직장 생활을 시작하는 20대의 차이로 벌어지는 식이다. 경제적 기회는 시간이 흐를수록 극심하게 불공평해진다.

이런 상태가 이어지면, 민주주의 효용의 앞쪽 두 개도 감소한다. 우선 시민의 참여가 질적으로 낮아진다. 고착화된 불평등을 해결할 수 없다는 좌절이 정치에 대한 불신으로 이어지기 때문이다. 합리적 개혁 방안을 찾기보다 기득권 청산만 선동하는 포퓰리즘이 정치를 지배하고, 정치적 양극화로 인해 개인들이 합리적 의견에 도달할 수 있다는 믿음이 약해진다. 민주주의 효능감이 계속 줄어들면 두 번째 효용인, 정부가 자의적 권력 행사를 규제하여 개인을 보호하는 역할도 제대로 할 수 없게 된다. 각종 인권침해를 저지른 트럼프를 국민 상당수가 여전히 지지하는 2010년대 이후의 미국 상황이 바로 그러한 사례다.

이러한 세습적 불평등을 해결하는 방법은 무엇일까? 피케티 이론에 따르면 가장 빠르고 효과가 직접적인 해결책은 두 가지다. 제2차 세계대전 직후처럼 자산을 파괴하거나, 고도성장을 달성하는 것이다. 물론 둘 다 현실성이 전혀 없다. 전쟁을 통한 자산 파괴는 불평등을 완화하기 이전에 인류를 절멸 위기로 이끈다. 전쟁이 아닌 방식의 자산 파괴는 정부가 자산을 몰수해 국유화하는 방법인데, 이는 소련 사회주의 붕괴로 대안이 될 수 없음이 증명됐다. 고도성장은 어떨까? 선진국들이 20세기 중반 같은 경제 성장을 2020년대에 다시 달성할 수 있다고 주장하는 경제학자는 세계에서 찾아보기 어렵다. 신고전파 성장론부터 마르크스 자본축적론까지, 경제 이론들은 장기 저성장이 21세기 자본주의의 피할 수 없는 조건이라고 결론 내린다.[52]

자산 파괴도 안 되고 고도성장도 안 되면, 도대체 세습적 불평등을 어떻게 해결해야 할까? 아직은 누구도 확실한 답을 내놓지 못한다. 자본주의를 대체할 대안이 없는 가운데, 불평등이 커지는 속도를 늦출 방법만 여럿 나오고 있을 뿐이다. 2020년대 경제는 아직은 대안이 없는 '노답' 경제다. 천성이 낙관적인 사람들은 이를 '뉴노멀' 경제라고 부르기도 하는데, 말을 무엇이라 붙이든 실제 상황은 어쨌든 같다.

민주주의 개혁은 저성장 속에 불평등이 확대하는 조건을 그 자체로 받아들이는 것에서 시작해야 한다. 고도성장을 통해 문제를 해결한다 거나, 자본주의에 내장된 불평등이라는 속성을 부정하면 개혁은 시작부터 실패할 수밖에 없다. 비유하자면 중력이 없다는 전제로 비행기를 만드는 것과 비슷하다. 만들기는 수월하겠지만, 그 비행기가 제대로 날리가 없다. 시대의 조건을 부정하는 민주주의 개혁은 무중력을 상상하고 만든 비행기와 같다.

제왕적 대통령제 개혁

민주주의 개혁은 불평등 문제를 근본적으로 해결하는 것을 목표로 삼지는 않는다. 우리는 정부가 가진 어떤 결함 탓에 불평등이 더 커지는 상황에 주목한다. 똑같은 자본주의 나라더라도 정부 능력에 따라 경제적 불평등 수준은 천차만별이다. 세계불평등데이터베이스The World Inequality Database 자료에 따르면, 2020년 한국의 소득 상위 10%가 전체 소득에서 차지하는 비중은 47%에 달한다. 유럽 평균 36%는 물론이거니와 일본 45%, 미국 46%보다도 크다. 비슷한 경제 성장 경험을 공유하는 대만은 36%다. 산유국과 소규모 도시국가를 제외하고 1인당 GDP가 3만 불을 넘는 나라 중에서 한국은 가장 불평등하다.

이 책에서 불평등의 원인을 자세히 분석하기는 어렵지만, 민주주의 측면에서 불평등을 키우는 요인을 지적할 수는 있다. 2장에서 자세히 분석한, 제왕적 대통령을 중심에 둔 한국형 지대 동맹이 바로 그것이다.

페르손Torsten Persson과 타벨리니Guido Tabillini는 여러 나라 사례를 통해 정부체제가 경제정책에 미치는 영향을 실증적으로 분석했다.[53] 그들의 분석에 따르면, 의원내각제가 대통령제에 비해 공정한 분배, 또는 불평등 축소에 유리했다. 직접 선출되는 대통령 권력은 제도적 통제가 약한 탓에 권력 남용과 부패가 의원내각제에 비해 컸다. 2장에서 다룬 폭력과 지대의 교환이라는 틀에서 보자면, 엘리트 동맹이 좁거나 폐쇄적일 때 불평등이 커지고 부패도 늘어난다. 이런 폐쇄성은 경제 성장도 둔화시킨다. 제왕적 대통령제가 모든 문제의 원인은 아니겠지만, 다른 정부 형태와 비교해 경제 성장과 분배에 악영향을 미칠 가능성이 더 크다고 말할 수는 있다.

참고로 한국 대통령제를 미국 대통령제와 비슷한 것으로 생각하는 오해를 짚고 넘어가겠다. 둘은 이름만 같지 원리가 전혀 다르다. 미국의 대통령은 주 정부에서 연방으로 이양한 권한만 다룰 수 있다. 말하자면 한국의 대통령과 유엔UN 사무총장을 섞어 놓은 것과 비슷하다. 더군다나 행정부는 입법부의 집행부서일 뿐이라는 규정이 강하게 적용된다. 대통령은 천 명이 넘는 공무원의 임명을 상원에서 인준받아야 하고, 입법권과 예산권도 가지고 있지 않다. 국회는 정부의 적자 규모까지 정하기 때문에 행정부와 입법부 협상이 깨지면 연방정부가 문을 닫는 일도 가끔 발생한다. 국회 상임위원회는 정부 부처 못지않게 전문적이다. 의원은 오랫동안 같은 상임위에서 활동하며 전문성에 관한 평판을 쌓는 것을 중요시한다.

한국의 대통령제는 모든 점에서 미국과 반대다. 먼저 중앙정부와 지방정부의 관계부터 반대다. 지방정부 권력은 중앙정부가 권한을 이양한 범위 안에서만 유효하다. 입법부와의 관계도 미국과는 반대다. 강한 대통령과 약한 입법부가 한국의 특징이다. 대통령은 예산안을 수립할 권한을 가지며, 법률안도 제출할 수 있다. 반면 국회의원은 전문성이 약하기 때문에 법률을 제출해도 정부 도움을 받아야 하고, 상임위원회에서 전문성과 평판을 쌓지도 않는다.

제왕적 대통령제는 궁극적으로 의원내각제로 전환되어야 한다. 실증적으로도 의원내각제가 선진국 정부와 경제에 유리하고, 원리적으로 봐도 미국과 같은 특수한 경우가 아니라면 입법부 주도의 정부를 구성하는 게 현대 민주주의의 본류에 가깝다. 다만 이는 한국의 현실에서 당장은 쉽지 않다. 입법부 역량이 크게 향상되어야 의원내각제가 적절한 효과를 발휘할 수 있기 때문이다. 제왕적 대통령제의 폐해 중 하나는 국회를 '식물' 또는 '동물'로 만드는 것이다. 한국의 정당은 대통령 배출을 위한 정당으로 퇴보했고, 입법부는 행정부에 종속되어 있다. 여당 원내대표가 대통령에게 충성을 맹세하고, 의원들은 전문성이 없다 보니 상임위원회에서 정략적 이슈를 가지고 고함만 질러댄다. 국회의 무능이 해결되지 않으면 의원내각제는 행정부와 입법부의 동시 몰락으로 이어질 수 있다.

현실적 대안으로 많이 거론되는 것은 분권형 대통령제다. 프랑스식 이원집정제와 미국식 4년 중임 분권형 대통령제가 주로 거론된다.

프랑스식 이원집정제에서는 의회가 내각 해산권을 가진다. 총리와 내각(각부 장관)을 대통령이 임명하지만, 의회 다수파의 신임이 없으면 존속할 수 없다. 총리는 의회를 대리해 내각을 지휘하는 역할을 맡는다. 한국의 국무총리가 대통령 보조에 머무는 것과 다르다. 다만, 대통령과 총리가 같은 당 소속일 경우, 즉 국회가 여대야소이면 결과적으로 우리나라 총리와 역할이 비슷해진다. 대통령이 당의 리더인데 그 당이 총리 신임 여부를 결정하니 말이다. 반대로 여소야대 상황이면 총리가 실질적 역할을 하게 된다. 국회 다수파를 대표하는 총리와 대통령이 협력해야만 한다. 요컨대 프랑스식 이원집정제는 국회 다수파의 행정부 통제 기능을 높인 정부 형태다. 좀 더 정확하게 말하자면, 국회 여소야대 상황에서 여야가 대통령과 내각을 통해 협력하는 정부 형태다.

그런데 프랑스 모델에 관해서는 생각해볼 문제가 있다. 프랑스는 의원내각제 전통에서 의회의 분열과 무능을 개선하기 위해 대통령제를 도입한 나라라는 점이다. 1946년에 출범한 제4공화국은 철저한 의원내각제 정부 형태로 세워졌다. 나폴레옹 3세가 대통령제를 이용해 공화국을 엎어버렸던 경험 때문이다. 하지만 이 시기 의원내각제는 정국을 이끄는 확실한 중심 정당이 없는 가운데 연립정부의 내각이 수시로 불신임을 당했다. 12년간 22개 내각이 설립·해체되었을 정도였다. 혼란이 이어지다 1958년 알제리 독립을 둘러싸고 군부 쿠데타 시도까지 나타나자 제2차 세계대전의 국민 영웅이었던 드골이 총리에 추대된 후 대통령제로 헌법을 개정했다. 이원집정제는 대통령제에 대한 거부감이 여전했던 국민 여론을 고려해 의원내각제 요소를 남겨둔 것이다.

한국의 이원집정제 도입은 맥락이 반대다. 대통령의 과도한 권력을 견제하기 위해 총리와 내각을 의회 신임에 복속시키려는 것이니 말이다. 맥락이 반대라도 실용적으로 도움이 될 수는 있다. 그러나 국회의 여당이 대통령에 순응하는 '식물' 상태로, 야당이 다음 대통령을 차지하기 위해 상대를 물어뜯는 '동물' 상태로 남아 있으면 실용적 효과마저 그다지 없을 것이다. 여대야소 상황에서는 제왕적 권력이 더 강해질 테고, 여소야대 상황에서는 행정부가 마비된다. 입법부와 정당이 먼저 유능해지고 협치의 토대도 존재해야 이원집정제도 작동할 수 있다.

4년 중임 지방분권형 대통령제는 한계가 더욱 명확하다. 분권이 없는 중임은 제왕적 권력을 강화할 뿐인데, 그 분권이 쉽지 않은 일이라서 그렇다. 미국은 지방정부(주 정부)가 행정, 입법, 사법을 모두 가지고 있다. 이는 미국이 시작부터 주 정부들의 연합United of States으로 세워졌기에 가능했다. 한국은 이런 연방적 전통, 또는 지방 분권적 전통이 없다. 중임을 허용해 재선이라는 유인을 제공하고 권력의 책임성을 강화한다는 발상도 현실과 괴리가 있다. 제왕적 권력은 책임의 부재가 아니라 책임과 권력 남용의 경계가 불분명한 것이 문제다. 즉, 4년 중임 지방분권형 대통령은 4년 중임만 실현되고 분권은 허울로 남을 가능성이 크다. 이는 개혁이 아니라 개악이라 하겠다.

제왕적 대통령제 개혁은 입법부의 능력과 주도성을 키우는 것에서 시작되어야 한다. 분권의 시작은 입법부의 현대화, 정상화다. 대통령이 임명하는 공무원에 대한 국회의 통제 범위를 넓혀야 하고, 예산권도 국회가 가져야 한다. 특히 국회 상임위원회가 전문성과 책임성을 갖추고 입법을 통한 정부 운영을 담보할 수 있도록 만들어야 한다. 현대적 정부의 근본은 법치이고, 민주주의에서는 그 법을 주권자 국민이 뽑은 의원이 만든다. 민주적인 입법부에 의한 통치가 민주주의의 본령이다. 제왕적 대통령제는 이런 본령에서 벗어난 정부 형태다. 이를 개혁하려면 먼저 입법부가 제 기능과 역할을 할 수 있도록 만드는 일부터 시작해야 한다. 입법부의 역량이 점진적으로 개선되면 언젠가 의원내각제도 시도해 볼 수 있을 것이다.

입법부 현대화에 필요한 요소 중 하나는 선거제도다. 선거제도는 국회의원과 유권자 사이 관계 그리고 국회 정당 분포에 직접적 영향을 미친다. 한국의 지역구 의원을 뽑는 방식인 다수제(지역구에서 다수 득표자 1인을 선출)는 지역구 유권자에 대한 책임성이 높아 부패 위험이 상대적으로 낮다고 평가받는다. 하지만 지역구 1등 득표율의 합계가 전체 표의 50%도 되지 않을 수 있어, 국회 전체로 볼 때 국민의 투표 상당수가 반영되지 않는 한계가 있다. 1등만 뽑는 탓에 새로운 정당이 국회에 진입하기도 어렵다. 비례제(지역구 또는 전국에서 정당 득표율로 의석수를 배분)는 국민의 다양한 이해관계와 이념적 지향을 국회 의석수로 표현하는 데 장점이 있다. 소수 정당의 국회 진입에도 유리하다. 다만 국회의원 개개인의 유권자에 대한 책임성이 낮아 부패 위험이 상대적으로 크고, 소수 정당이 난립할 경우 입법부가 결정력을 잃을 수 있다는 단점이 있다.

페르손과 타벨리니의 연구에 따르면 선거제도가 경제 성과에 직접 영향을 미치지는 않는다. 각각 장단이 분명하기 때문이다. 하지만 선거 제도에 따른 입법부 구성의 차이가 정부 역량에 영향을 미칠 수는 있다. 예를 들면 브라질에서는 제왕적 대통령제와 국회의원 비례제를 결합한다. 이에 따라 수많은 정당이 국회에 난립하는데, 부패에 약하다는 비례제의 약점이 커지는 것은 물론이거니와 국회의 대통령에 대한 견제력도 약해진다. 강한 대통령, 약한 국회가 극단화되는 것이다. 남미에는 브라질과 비슷하게 제왕적 대통령제와 비례제 국회를 결합한 나라들이 많다. 이것은 남미 정부가 고질적으로 부패한 원인으로 항상 지적된다.

한국에서는 국회의 양당 독점 구조를 개혁해야 한다는 목소리가 많이 나온다. 더불어민주당과 국민의힘으로 대표되는 양당은 제왕적 대통령제를 재생산한 주동자들이다. 양당 독점 구조의 개혁은 분명 필요한 일이다. 다만 양당제보다 다당제가 낫다는 일반론은 경계할 필요가 있다. 가장 오랫동안 민주주의 경험을 축적한 미국과 영국은 모두 다수제, 양당 구조를 이어가고 있다. 안정적 민주 정부의 대명사 격인 독일과 스웨덴은 비례제에서 다수의 정당이 국회에 진입하지만 한두 개

정당이 오랫동안 다수당을 차지하며 정부를 주도했다.

결국 중요한 것은 정국을 주도하는 지배적 정당들이 얼마나 정부의 발전 방향에 대해 사회적 합의를 형성할 수 있느냐, 포퓰리즘에 경도되지 않고 과학적 근거에 기반해 일관된 정책을 추진할 수 있느냐다. 예로 미국의 양당제는 20세기 정부 형태를 대표하는 민주성, 안정성을 가졌지만, 2010년대 이후 공화당이 극우 포퓰리즘으로 기울고 시민들도 정치적으로 양극화되면서 파행을 겪고 있다.

한국에서는 어차피 입법부가 제 역할을 하지 못하는 실정이니 새로운 정당이 국회에 진입할 기회를 넓히는 편이 나을 것이다. 또한, 더불어민주당과 국민의힘으로 대표되는 거대 양당의 혁신을 위해서 경쟁이 좀 더 치열해질 필요도 있다.

지대 동맹을
이완시키기 위한 개혁

저성장, 불평등 시대에 적합한 민주주의는 정부 형태를 개혁함과 동시에 지대 동맹 자체를 약화해야 가능하다. 지대 동맹은 불평등과 직접적 연관을 가진다. 2020년대 지대 동맹의 핵심은 금권의 대표인 재벌과 문민화 이후 선거 정치에서 여론 주도층으로 등장한 도시 상위 소득 계층이다. (이들의 지대 추구를 규제할 방법을 자세히 설명하는 것은 민주주의를 다루는 이 책의 범위를 넘어서기 때문에 짧게만 이야기하겠다. 재벌에 대해서는 2장에서 다뤘으니 도시 상위 소득 계층에 관해서만 보충한다.)

한국에서 여론에 영향을 미칠 만큼 대중적으로 행해지는 지대 추구 수단은 단연코 부동산과 일자리다. 먼저 부동산부터 살펴보자. 2020년 기준으로 가계가 보유한 부동산은 7800조 원이다. 노동 소득이 920조 원이니, 단순하게 따져 모든 노동자가 8년 반을 한 푼도 안 쓰고 저축해야 부동산을 모두 살 수 있다. 부동산 중 타인에게 임대료를 걷는 자산이 절반 정도 된다고 가정하면, 연 3% 수익률 기준으로 약 120조 원이 부동산 임대 소득이다. 매매 차익을 빼고도 이 정도 액수가 일하는 사람으로부터 이전되는 것이다. 이 액수는 우리나라 기업 전체의 순이익 합계와도 비슷하다. 이렇게 부동산 지대를 둘러싼 이해관계는 어마어마하다. 선거 때마다 부동산이 핵심 이슈로 떠오르는 이유도 여기에 있다.

물론 선진국에서도 도시 부동산이 국내 자산의 큰 부분을 차지하기는 한다. 하지만 한국의 경우 두 가지 특징이 분명하다. 첫째, 부동산 자산이 가계 자산의 60% 이상으로 압도적인 부분을 차지한다는 점이다. 선진국 대부분은 30~40% 수준에 불과하다. 나머지는 금융자산이다. 둘째, 값나가는 부동산은 수도권(서울, 경기, 인천)에 밀집되어 있다는 점이다. 부동산 자산의 60%가 수도권에 있다. 수도권과 지방의 자산 격차가 매우 크다.

이런 이유로 수도권에서 부동산 관련 불만이 커지면 정권이 흔들린다. 역대 모든 대통령은 부동산 대책이라는 이름으로 이들이 얻는 지대에 특별히 신경 썼다. 부동산 가격이 내리면 내리는 대로, 오르면 오르는 대로 대통령의 신경이 곤두설 수밖에 없었다. 문재인 정부가 결정적으로 흔들린 것도 이들의 생각과 영향력을 무시한 까닭이었다. 문재인 정부는 수도권 부동산 소유자를 적폐 투기꾼으로 매도하면 나머지의 지지를 얻을 수 있다고 생각했다. 하지만 이는 오판이었다. 3장에서 살펴봤듯, 수도권 부동산 소유자의 이해는 소수를 대변하는 것이 아니다. 무주택자도, 지방의 주택 소유자도, 서울 아파트와 연관이 있다. 여론에 죽고 사는 대통령, 5년 임기 내 모든 것을 해결하려 하는 대통령은 결코 이들을 이길 수 없다. 문재인 정부는 이 점을 분명하게 증명했다.

일자리 지대는 '하는 일'이 아니라 특정 일자리를 독점한 덕분에 얻는 이득으로 정의할 수 있다. 일자리를 두고 경쟁할 일이 거의 없는 대기업, 공공부문의 정규직 일자리가 대표적이다. 3000만 취업자 중 소득 기준 상위 10%는 이들로 채워져 있다. 일자리 지대는 임금 격차로 확인된다. 한국의 대기업과 중소기업 간의 임금 격차, 공공부문과 민간부문의 임금 격차는 선진국에서 최고 수준이다. 동시에 대기업과 공공부문이 전체 고용에서 차지하는 비중은 선진국에서 최하위권이다.[54] 대기업과 공공부문의 고임금 저고용이 한국적 특색이다. 이러한 이유가 무엇일까?

대기업과 공공부문의 생산성이 다른 나라에 비해 유별나게 뛰어나서는 아니다. 예로 제조업의 대표적 고임금 일자리인 자동차 기업의 경우 한국 공장 생산성이 세계 하위급이라는 점은 잘 알려져 있다. 노동자 임금은 그 반대로 세계 최고 수준이다. 공공부문의 경우 부패 수준을 생산성의 간접적 지표로 볼 수 있는데, 한국의 2010년대 부패인식지수CPI는 세계 30~40위권으로 선진국 최하위 수준이다. 즉, 대기업, 공공부문 정규직의 높은 임금은 생산성에 기반한 것이 아니라 일자리를 독점해 얻는 지대에 기반하고 있다. 그렇다면 이 지대는 어디에서 이전받는 것일까? 대기업의 대규모 외주 시스템, 정부 영역 곳곳에 만연한 민간위탁 등이 지대 소득을 뒷받침하는 배후다. 지대 이전 탓에 이 부분에서는 저임금 일자리만 남는다.

한국의 일자리 지대는 기업별 노동조합 체계 그리고 정부의 노동유연화 정책과 사회안전망 부재가 복합적으로 작용한 결과다. 기업별 노동조합 체계가 문제가 되는 건 노동조합의 임금 인상과 노동조건 개선이 기업별 각자도생 방식으로 이뤄지기 때문이다. 파업을 통해 사업주의 양보를 얻어낼 수 있는 대기업과 공공부문에서는 각자도생이 유리하지만, 사업주 지불능력이 크지 않은 중소영세기업에서는 매우 불리하다. 그 결과 2020년 상황을 보면 대기업과 공공부문의 노동조합 조직률은 50~80%인데 반해 중소영세기업은 3%도 되지 않는다. 외환위기 이후 급속도로 확대된 해고 자유화, 비정규직 확대 같은 노동유연화 정책도 비슷한 효과를 발휘했다. 노동조합이 있는 대기업과 공공부문 노동자는 단체협약으로 유연화를 방어할 수 있었던 반면, 노조가 없는 중소영세기업 노동자들은 속수무책이었다. 유연화마저도 차별적으로 적용된 셈이다.[55] 이런 조건에서 사회 안전망조차 제대로 갖춰져 있지 않다 보니 대기업, 공공부문 노동조합은 필사적으로 기업 내 고용안정을 위해 싸울 수밖에 없었다.

제왕적 대통령제는 위와 같은 일자리 지대와 친화적이다. 우선 대통령제 자체가 의원내각제보다 공정한 분배에 불리한 정부 형태다. 대통령제에서는 일자리 지대를 개혁할 유인이 별로 만들어지지 않는다. 오히려 그 반대 유인이 더 많이 생겨난다. 대기업, 공공부문의 기업별 노동조합은 제왕적 대통령제를 효과적으로 이용할 수 있다. 대통령의 힘은 제도적 해결이 아니라 자신의 권한으로 직접 해결할 수 있는 국지적 문제에 제한된다. 하지만 그만큼 빠르고 직접적이다. 기업별 이해관계에 국한된 문제를 강한 파업 파괴력으로 정부에 전달할 수 있는 노동조합에 대통령 권력은 매력적일 수밖에 없다. 대통령 역시 긴 시간의 이해관계 조정과 사회적 합의를 거쳐야 하는 노동시장의 제도 개혁보다는 힘 있는 노조의 요구를 들어주고 조직된 여론을 얻는 게 낫다.

수도권 부동산 소유자와 대기업·공공부문 정규직 노동자는 재벌처럼 초엘리트로 구성된 소수가 아니다. 대기업, 공공부문 정규직만 해도 취업자의 대략 20%를 차지한다. 수도권 주택 보유자는 자가점유율을 고려하면 인구의 25% 가까이 된다. 이들이 지대 동맹의 참여자들이며 선거 정치에 막강한 힘을 발휘하는 대중이다. 그래서 이 지대 동맹을 완화하는 일은 국민 다수의 합의와 장기적 개혁으로 달성할 수밖에 없다. 급진적 개혁, 속도전식 개혁이 어렵다.

지대 동맹을 완화할 정책들에 대해서는 전문가들 사이에서 오랫동안 논의가 있었다. 부동산에서는 수도권의 주택공급 확대, 지방균형발전과 인구 분산, 사회적으로 수용 가능한 조세 제도 등이 주로 거론된다. 일자리에서는 중소영세기업 노조 조직률 확대, 산업과 지역에서 포괄적으로 적용되는 임금과 단체협약 활성화, 사회안전망 확대 등이 이야기된다. 참고로 지대 동맹의 다른 한 축인 재벌개혁의 경우, 목표는 총수 가문의 사익편취에 기업집단 전체가 동원되지 않게 하는 것이다. 경영권 승계에 관한 규제, 내부거래 규제, 문어발식 대규모 기업집단에 대한 다양한 과세 불이익 등이 재벌개혁의 수단으로 지금까지 많이 이야기되었다.

이 정책들은 전문가 사이에서 큰 이견이 없다. 다만 지대 동맹에 엮여 있는 대통령과 국회가 진지하게 장기 전략을 가지고 접근하지 못할 뿐이다. 이것이 제왕적 대통령제 개혁이 지대 동맹 개혁을 위해서도 먼저 이뤄져야 하는 이유다.

동아시아 안보위기에 대응하는 민주주의

개혁을 위해 우리가 주의를 기울여야 하는 다른 부분은 대외 관계다. 4장에서 살펴봤듯 세계의 변화가 한국 민주주의에 지대한 영향을 미쳤다. 민주주의democracy는 추상적 관념인 주의-ism가 아니라 구체적 정부 체제-cracy이다. 세계에서 정부들은 상호 관계를 맺어야 존속할 수 있다.

민주주의는 세계정세 변화에도 적합해야 한다. 세계를 대하는 정부의 방식은 자국의 민주주의에도 큰 영향을 미친다.

2020년대 국제 정세에서 한국의 민주주의가 가장 경계해야 할 것은 비이성적 열광으로 번지는 민족주의다. 반일, 반미, 혐중 식으로 드러나는 민족주의 말이다. 4장에서 살펴봤듯 민족주의 열광에 지배당하는 민주주의는 안보에 큰 위기를 초래한다.

2020년대 한국의 안보 문제는 미·중 갈등과 북핵 위기가 핵심이다. 한국은 해방 이후 지금까지 한미동맹을 안보의 근간으로 삼았다. 더 말할 필요가 없을 것이다. 한편 중국은 한국에 가장 큰 무역 상대다. 전체 수출의 4분의 1이 중국이고, 전체 무역 흑자에서 중국이 차지하는 비중 역시 홍콩까지 합하면 절반 이상이다. 미국과 중국의 갈등이 커지면, 한국은 경제적으로든 군사적으로든 위험해진다. 한편, 북핵 위기는 북한 정부가 핵무기를 포기할 가능성이 없다는 점에서 출구가 없는 위기라 할 수 있다. 김정은 정권은 핵무기와 안위가 일체화되어 있다. 그런데 한국, 일본, 미국 모두 북한 핵무기 보유를 인정할 수 없다. 북한이 지금껏 보여줬던 호전적이고 예측 불가능한 행동이 안보에 큰 위협이 되기 때문이다. 한국과 일본에서 핵무기를 보유하자는 여론도 커질 수밖에 없다. 이럴 경우 동아시아에서 핵무기 경쟁이 본격화된다.

미·중 갈등이 커질수록 실리만 챙기면 된다는 식의 외교는 더욱 어려워질 것이다. 북핵에 눈 감고 남북관계를 개선한다는 것도 망상에 가깝다. 우리가 바라는 국제 질서가 무엇인지 생각해보고, 거기에 기여하는 방향으로 나아가야 한다. 실리만 챙길 수 있는 방법은 없다. 가치와 지향에 따라 장기적 전략을 수립해야 한다.

냉전 이후 세계의 질서는 규칙 기반 질서rules-based order로 불린다. 냉전 시대는 미국과 소련을 중심으로 한 양대 진영이 상대를 봉쇄하고, 자기 진영 사이에서 동맹을 체결했다. 탈냉전, 세계화 시대에는 여러 나라가 합의해서 규칙을 정하고, 신뢰할 수 있는 나라들끼리 외교 관계를 강화한다. 유엔에서 정한 각종 협약, 세계무역기구wto 협정과 분쟁 해결 절차, 세계은행·국제금융기구imf·경제협력개발기구oecd 등에서 정한 규칙 등이 대표적이다. 규칙을 지키지 않고 신뢰를 잃으면 국제적 관계에서 배제당한다.

북한은 유엔의 가장 중요한 협약 중 하나인 핵확산금지조약npt에서 탈퇴했고, 유엔 안전보장이사회에서 정한 규칙도 어겼다. 그 결과 국제 관계에서 배제되어 제재를 받고 있다. 탈냉전 이후에도 북한은 규칙 기반 질서에 참여한다는 신뢰를 전혀 보여주지 않았다. 북한에서는 김정은의 권력 유지와 세계 질서 참여가 병존하기 어렵다. 이것은 한국의 대북 정책이 가진 근본적 곤란이다.

　일본은 국제 수준에서 보면 모범적 규칙 준수자다. 우익의 군국주의 이데올로기가 세를 키우고 있기는 하지만, 여전히 스스로 '정상국가'를 포기하면서까지 만든 평화헌법(전쟁 포기, 전력 포기, 교전권 부인)을 유지하고 있다. 트럼프가 일방주의적 외교로 편향됐을 때도 오바마 정부 시기 시작된 아시아태평양 지역의 다자간 협약을 유지한 것도 일본이었다. 물론 과거사 문제에서 반복해서 퇴행하는 부분이 있기는 하다. 일본은 제국주의 시대의 국제적 규범에서도 허용되지 않는 만행을 여럿 저질렀다. 일본 정부는 총리 성향이 바뀔 때마다 과거사를 정치적으로 이용했다. 하지만 과거사 문제에 관한 퇴행이 일본이 21세기의 규칙 기반 질서에서 일탈했다는 의미는 아니다. 한국은 이 점을 받아들일 필요가 있다.

　중국은 21세기 세계 질서에서 가장 중요한 변수다. 중국은 2010년대 G2로 불리며 미국 다음의 경제 규모로 성장했다. 1980년대 개혁개방을 거쳐 2000년대 초 WTO에 가입하며 국제 규칙을 따르겠다는 의지를 보여왔다. 중국은 세계화 시대의 최대 수혜자이면서 동시에 냉전이후 세계화가 뿌리내리게 하는 일등 공신이었다.

하지만 2012년 시진핑이 집권한 후 상황이 바뀌었다. 중국 정부의 전략이 세계화의 동반자에서 중국몽中國夢의 실현으로 바뀐 탓이다. 중국몽은 미국을 제치기 위한 초강대국 프로그램이다. 국가 주도 경제, 군사력 강화, 주변국에 대한 개입 그리고 일인 독재 강화가 포함되어 있다. 물론 경제적 성장에 따라 도전자가 기존 패권국과 갈등을 벌였던 것은 세계사에서 반복됐던 일이긴 하다. 하지만 문제는 도전 그 자체가 아니라, 중국의 도전이 문명적인 퇴행으로 이어지고 있다는 점이다. 중국의 반인권적, 반민주적 행태는 널리 알려져 있다. 시진핑은 문명의 비극이자 체제의 실패를 가져온 일인 독재 하의 국가 주도 자본주의, 즉 스탈린주의를 복권하는 중이다.

규칙 기반 질서의 설계자라 할 미국은 21세기 이후 일관성이 약화했다. 민주당 정부에서는 다자주의적 규칙 확립에 힘을 쏟다가도 공화당 정부에서는 힘에 의한 일방주의로 퇴보한다. 2000년대 부시는 '테러와의 전쟁'이라는 명분으로 이라크를 침공했지만 국제사회의 지지를 얻지 못했다. 오바마 정부는 규칙 기반 질서를 강조했지만, 트럼프 정부는 미국 우선주의를 내걸고 무역전쟁, 파리기후협약 파기, WTO 무시 등의 일방주의로 복귀했다. 바이든 정부는 다시 규칙 기반 질서를 내세우고 있지만, 정권이 교체되면 언제든 트럼프 방식으로 돌아갈 수 있다는 우려가 여전히 존재한다.

미국의 대중국 정책은 2010년대 이후 크게 변화했다.[56] 1990~2000년대 미국은 중국이 규칙 기반 질서를 신뢰하고 있다고 판단해 중국을 세계화의 동반자로 인정하는 상호 약속engagement 전략을 추구했다. 하지만 시진핑 이후 전략이 변했다. 중국이 질서를 악용해 이득을 얻기로 작정하고 미국에 막대한 손해를 끼치고 있다고 판단했기 때문이다. 미국의 새로운 전략은 냉전 방식의 봉쇄정책까지 가지는 않지만, 중국이 규칙을 준수하지 않을 때마다 강하게 압박한다는 현실주의적 접근에 입각해 있다. 이는 민주당과 공화당이 공유하는 초당적 합의이기도 하다. 오바마는 중국을 압박하는 수단으로 다자간 무역협정과 일본을 중심으로 한 인도태평양 전략을 추진했다. 트럼프 정부는 규칙보다 힘을 앞세우는 대중 무역전쟁을 개시했다. 방식은 다르지만 목표하는 바는 두 정부가 같았다.

한국의 민주주의는 우리가 지향하는 세계 질서에 적합하게 개혁되어야 한다. 또한, 그 질서를 통해 민족주의도 경도되는 민주주의 타락을 경계할 수 있어야 한다. 한국의 민주주의가 세계적 질서의 한 부분일 수밖에 없다는 인식이 필요하다. 대북 정책을 위해 일본, 미국, 중국과 관계를 맺는 것은 성공하기도 힘들고 긍정적 효과를 얻지도 못한다. 세계를 한국과 북한의 관계를 중심에 두고 상상하는 것은 분단체제론식 민주주의관이 만든 오류일 뿐이다. 반일 민족주의는 오히려 우리가 과거사를 이유로 규칙 기반 질서에서 벗어나도록 만든다. 물론 현재의 국제 질서가 궁극적 대안이라는 것은 아니다. 규칙 대부분은 미국이 만들었고, 그 미국이 또 규칙을 어기기도 한다. 하지만 어쨌든 새로운 대안이 만들어지기 전까지는 현실적 차선을 따를 수밖에 없다.

대통령의 숙제

문민화 이후 모든 대통령이 빠짐없이 공약한 정책이 있다. 놀랍게도 바로 제왕적 대통령제 개혁이다. 하지만 모든 대통령은 하나같이 "화장실 들어갈 때와 나올 때 다르다."라는 속담처럼 행동했다.

김영삼은 1990년 3당 합당을 하면서 차기 정부를 의원내각제로 만들겠다고 약속했다. 하지만 그는 3당 합당 후에 1992년 대통령선거가 다가오자 의원내각제 개헌 약속을 파기했다. 김종필과 연합한 김대중도 마찬가지였다. 연합의 조건 중 하나는 의원내각제 개헌이었지만, 그도 대통령이 당선된 후에 이를 파기했다. 노무현은 정치개혁을 캐치프레이즈로 대통령에 당선됐다. 책임총리제를 공약했다. 개헌 없이 이원집정제 모델을 구현해보겠다는 포부였다. 하지만 그의 임기 중 총리는 세 차

레나 교체됐고, 내각도 총 12차례에 걸쳐 전면 또는 부분 교체되었다. 책임은커녕 평가할 만큼의 연속성조차 없었다. 이명박 대통령은 4년 중임 정·부통령제 개헌을 공약했지만 아무런 개혁도 하지 않았다. 박근혜 대통령은 취임 후 "권력 내려놓기"를 첫 번째로 이행하겠다고 약속했다. 책임총리제와 청와대에 대한 감사 기능 강화를 공약으로 제시했다. 물론 공약은 이행되지 않았고, 결과는 우리가 알다시피 참담했다.

문재인 대통령은 문민화 이후 제왕적 대통령제 개혁에 관해 가장 무거운 책임을 짊어졌다. 전임 대통령의 권력 남용 탓에 나라가 한바탕 난리가 났으니 말이다. 하지만 그는 대통령 권력 개혁에 전혀 나서지 않았다. 대통령 권력은 '청와대 정부'라고 평가받을 정도로 도리어 더 커졌다. 청와대는 2018년에 4년 중임 지방분권 개헌안을 마련하기긴 했다. 하지만 국회 통과를 위해 필요한 야당과의 협의가 없었고, 사회적 합의에 필요한 홍보와 설득도 없었다. 보여주기식으로 불쑥 던져놓고 끝이었다. 심지어 2020년 총선에서 여당이 180석을 차지하는 대승을 거뒀는데, 정부 형태 변화에 관해서는 일언반구도 하지 않았다.

왜 한국의 전임 대통령들은 이다지도 제왕적 권력을 개혁하는데 소극적이었을까? 모두가 "나만은 다를 것"이라 생각했기 때문인 것 같다. 청와대 안에서 보는 풍경이 밖에서 보는 풍경과 같을 리 없다. 선거운동 과정에서 모든 걸 해결하겠다는 식으로 내지른 공약들도 영향을 미쳤을 것이다. 공약을 이행하려면 제왕적 권력이 필수적이었으니 말이다. 정부 형태 변화를 위한 개헌안이 정략적으로 이용된 역사적 경험도 부정적 영향을 끼쳤다. 이승만은 개헌을 마법처럼 이용해 독재를 강화했다. 1986~1987년 군부 독재 정권은 민주화를 수용하면서 동시에 장기 집권 야욕을 채울 요량으로 의원내각제 개헌을 꺼냈다. 2007년, 2011년, 2016년에는 대통령이 개헌을 제안했지만 모두 정략적 음모라고 공격받으며 흐지부지되었다. 대통령 지지율도 개헌 제안 이후 바닥을 쳤다.

제왕적 대통령제 개혁이 민주주의 타락을 막는 마술봉은 아니다. 하지만 지금껏 살펴봤듯, 대통령이 변하지 않으면 개혁의 물꼬를 틀 수가 없다. 여론의 지배와 지대 동맹의 중심에 있는 대통령이 먼저 변해야 저성장 불평등 시대의 민주주의, 동아시아 안보위기 시대의 민주주의도 가능하다. 대통령제 개혁을 국민이 앞장서면 탄핵 촛불처럼 되고, 국회가 앞장서면 1940~1950년대처럼 대통령과 국회가 극한 대결을 벌이게 된다. 새 대통령이 나설 수밖에 없다. 레임덕이 발생하기 전에 개혁에 착수해야 한다. 모든 것을 하려는 대통령보다, 제왕적 권력을 내려놓는 대통령이 한국 정부의 발전에 장기적으로 도움이 될 것이다.

경제와 민주주의에 관한
간략한 역사

부록에서는 3장, 4장에서 간단하게 언급했던 18세기 이후 자본주의의 발전과 민주주의의 변화에 관해 설명한다. 자본주의 경제가 발전하는 과정에서 자유와 평등의 관계를 둘러싸고 자유민주주의, 사회민주주의, 인민민주주의가 분화한 이유도 살펴본다. 책 전체의 내용을 이해하는 데는 이 장을 생략해도 무관하다.

민주주의에 대한 간단한 정의는 우리나라 헌법 제1조 2항에 나온다. "대한민국의 주권은 국민에게 있고, 모든 권력은 국민으로부터 나온다." 주권이 국민에게 있는 정치체제를 민주주의라 부른다. 주권이 군주에게 있으면 군주정, 귀족 집단에 있으면 귀족정이다.

그런데 이런 정의에는 모호한 부분이 하나 있다. 주권을 지키는 수단들은 꽤 분명한데, 정작 지켜야 할 대상인 주권은 그렇지 않아서다. 헌법 어디에도 주권이 무엇인지를 정의해 놓고 있지 않다. 일반적으로 주권은 대외적으로 국가의 독립성, 내부적으로 최고 권력sovereign power 을 의미한다. 대외적 독립성은 직관적으로 이해가 된다. 하지만 내부의 최고 권력은 무엇일까? 그리고 주권을 국민이 평등하게 행사한다는 의미가 무엇일까? 머릿속에 바로 떠오르지는 않는다. 따져보면 민주주의에 대한 혼란도 여기서부터 시작된다.

주권이 명쾌하게 정의되지 않는 데는 역사적으로 이유가 있다. 주권은 봉건제 시대의 사회관계를 변혁하면서 현실적 필요에 따라 점진적으로 만들어졌기 때문이다. 수백 년의 역사가 얽혀있는 만큼 복합적이다. 민주주의를 이해하려면 주권 개념을 잘 알아야 하고, 이 주권을 파악하려면 봉건제 변혁 이후 역사를 이해할 필요가 있다.

근대의 시작과 주권의 확장

14세기 서유럽은 흑사병과 잦은 전쟁으로 인구가 감소했고, 토지생산성도 하락했다. 귀족들은 토지 생산성의 하락을 토지의 확대로 상쇄하기 위해 주변 지역을 자주 침략했다. 전쟁과 살육이 서유럽을 수백 년간 휩쓸었다. 그리고 그 혼란 끝에 마침내 16세기부터 현대로 가는 혁명들이 발발했다.

본격적 변화는 네덜란드에서 시작됐다. 네덜란드는 에스파냐(스페인) 왕가의 지배를 받고 있었는데, 귀족과 상인들은 과도한 세금과 종교탄압에 불만이 많았다. 이런 와중에 새로 파견된 에스파냐 총독이 모든 상품거래에 10% 세금을 매겼다. 그러자 귀족과 상인의 분노가 폭발했다. 북부지역을 중심으로 독립운동이 조직되어 에스파냐 함대를 격파하고 80년간의 전쟁 끝에 1648년 베스트팔렌 조약으로 독립된 나라를 인정받았다.

네덜란드 귀족과 상인은 자신의 요구를 번영과 정의로 요약했다. 둘은 신이 인정하는 것이었다. 이의를 제기할 수 없는 보편타당한 가치였다. 그런데 그 의미가 의미심장했다. 번영은 에스파냐로 국부가 유출되지 않아야 달성할 수 있었고, 정의는 에스파냐의 부패한 가톨릭이 아니라 칼뱅의 가르침을 따라야 추구할 수 있는 것이었다. 이렇게 네덜란드인에 의해 재해석된 번영과 정의는 에스파냐에 구속받지 않을 권리로서 자유였다. 국가가 가지는 자유는 주권으로 해석됐다. 예속과 복종이라는 봉건적 질서에 대항하는 주권이 이렇게 출현했다.

'대외적 독립성' 개념의 국가 주권은 17세기 말 영국의 명예혁명을 거치며 '국내의 최고 권력'으로 의미가 확장됐다.

혁명이 발발한 이유는 네덜란드와 비슷했다. 바로 세금과 종교였다.

다만 주인공이 외세가 아니라 자신들의 왕이었다는 점이 차이였다. 찰스 1세는 전쟁자금을 만들기 위해 세금을 늘렸고, 귀족과 상인의 납세 저항을 무마하기 위해 의회를 소집했다. 하지만 귀족과 상인들은 왕의 의도와 달리 도리어 왕을 처단하고 공화정을 건설했다. 공화정에서 크롬웰이 독재를 자행하다 사망한 후, 제임스 2세가 군주정을 재건했다. 그러나 의회로 결집했던 귀족과 상인은 네덜란드를 개입시켜 왕을 다시 끌어내렸다. 그리고 주도권을 쥔 의회가 왕의 권한을 제한하는 의회 중심의 입헌정부를 제도화했다. 이것이 현대 민주주의의 원형 중 하나인 입헌군주제다.

그런데 입헌군주제에서는 법을 만드는 의회와 군주 사이의 관계가 정리되어야 했다. 국내의 최고 권력으로서 주권이라는 개념이 여기서 중요한 역할을 했다. 네덜란드와 마찬가지로 귀족들이 왕을 처형한 명분은 자유였다. 자유는 왕에게 구속받지 않을 권리였다. 그렇다면 이 자유의 수호자는 누구였을까? 인민을 대표하는 의회였다.

혁명 이후 선포된 권리장전은 국왕도 건드릴 수 없는 의회와 국민의 제반 권리를 정했다. 이것이 바로 국내 최고 권력으로서 의회주권의 시작이었다. 주권자로서 의회는 반드시 두 가지 권한을 가지고 있어야 했다. 명예혁명의 원인이 된 전쟁과 세금에 관한 권한이 그것이었다.

오늘날 식으로 말하면, 군대와 정부 예산을 국회가 만든 법으로 통제할 수 있어야 했다. 최고 권력이란 바로 정부가 보유한 무력과 경제력을 통제하는 것이었다.

한편, 정부의 경제력은 이후 예상치 못했던 방향으로 발전했다. 새로운 왕이 프랑스와 전쟁을 치러야 했던 것이 계기였다. 왕은 재정권이 없어 전쟁자금을 조달하기 쉽지 않았다. 왕은 런던의 은행가들에게 손을 벌렸다. 여기서 은행가들은 엄청난 돈벌이 기회를 찾아냈다. 이것이 의도하지 않은 경제 제도의 변화를 가져왔다.

18세기 런던에서는 은행들이 신종 대출기법으로 금 예치증서인 은행권을 만들어 유통했다. 무겁고 나누기도 불편했던 금화 대신 은행권이 크게 인기를 얻어 급속도로 보급되고 있었다. 그런데 이 은행권은 수량에 제한이 있었다. 예금으로 보유한 금만큼만 발행될 수 있었고, 은행이 파산하면 휴짓조각이 될 위험이 있었기 때문이다. 이런 상황에서 은행가들은 정부가 보증하는 법정 은행권을 만들자는 아이디어를 냈다. 법정 은행권을 발행하면, 예금 유치에서나 은행권 유통에서나 엄청난 이득을 얻을 수 있었다. 은행가들은 위험을 공동으로 부담하며 이득을 공유하기 위해 잉글랜드 은행을 만들었다. 잉글랜드 은행은 예금보다 더 많은 은행권을 발행해도 정부 보증으로 파산 위험을 낮출

수 있었다. 은행권 소유자들도 정부가 보증하는 은행권이니만큼 일시에 금화로 태환을 요구하지 않았다.

잉글랜드 은행이 만들어지고 법정 은행권이 유통되면서, 오늘날과 같은 화폐경제가 본격적으로 성장했다. 이 화폐는 국내에서 최고의 무력과 경제력을 갖춘 정부에 의해 보장됐다. 정부의 무력이 미치는 장소에서 법정 은행권도 가치를 보장받았다. 결과적으로 이 은행권이 제한 없이 유통되는 경계가 국가 주권의 경계가 되었다. 이렇게 정치적인 주권과 경제적인 주권이 결합했다. 이것이 바로 현대적 의미의 주권이다. 주권은 정부가 보유한 폭력(군대)과 자산(화폐)을 다룰 수 있다는 의미의 최고 권력이 되었다.

여기서 잠깐 한국의 주권에 대해 생각해보고 넘어가겠다. 국내에서 주권은 정부의 폭력과 화폐를 완전히 다룰 수 있어야 최고 권력으로서 제대로 된 역할을 한다. 그런데 이 최고 권력은 헌법에 적힌 것처럼 오로지 국민에게서만 나올까?

먼저 군대의 문제를 보자. 한국전쟁 이후 군대에 대한 통제권 일부는 미국에 이전됐다. 분단의 비극이었다. 한국군은 온전히 한국 국민의 통제만 받는 것이 아니다. 다음으로 화폐 문제도 살펴보자. 관리통화제의 화폐는 중앙은행이 보유하는 자산의 신뢰성으로 그 가치가 유지된다. 중앙은행 자산은 정부가 보증한다. 그런데 나라가 부도나면 어떻게 될까? 당연히 중앙은행 자산에 대한 신뢰가 급감하고, 화폐가치도 극단적으로 불안정해진다. 이런 상태에서 화폐를 안정화하려면 방법은 하나뿐이다. 중앙은행 자산에 세계적으로 인정되는 금융자산을 채워 넣는 것이다. 바로 달러다. 1997년 외환위기 이후 한국은행은 자산 대부분을 달러(또는 달러화 가능한 외국증권)로 채우고 있다. 이 달러는 국민이 아니라 수출 대기업이 가져온다. 그래서 대한민국 화폐는 국민 주권이 아니라 대기업의 수출 역량에 더 민감하게 반응한다. 한국의 국민 주권은 이런 점에서 불완전하다고 볼 수 있다.

자유와 풍요 그리고 평등의 문제

앞서 본 것처럼 현대에서 확장된 주권은 폭력과 경제를 다루는 힘이다. 폭력을 통제해 국민의 자유를 보장하고, 경제를 관리해 풍요를 증진한다. 개인이 자신의 의사에 따라 자유롭게 생각하고 행동하며, 물질적·정신적 풍요로 행복을 추구하는 삶. 현대란 이런 삶이 지배적인 사회를 일컫는다.

그런데 역사적으로 보면 이게 말처럼 쉽지 않다. 우선, 평등의 문제가 항상 갈등의 대상이 되기 때문이다. 특권을 가진 소수가 아닌 누구나가 자유와 풍요를 누린다는 게 자본주의 시장 경제에서 좀처럼 구현되지 않았다. 다음으로, 경제가 어려워지면 자유의 토대 자체가 흔들렸기 때문이다. 소득과 자산의 불평등이 커져 누군가만 더 자유로운 상황이 만들어졌다. 자본주의 경제는 주기적으로 위기에 빠지며 불평등을 키워왔다. 이렇게 자유와 풍요, 그리고 평등을 둘러싼 역사적 갈등이 펼쳐지며, 민주주의가 여러 갈래로 나뉘었다.

자유민주주의의 이론적 기초를 세운 로크는 자유를 개인이 '재산을 소유할 권리'로 정의했다. 신은 인간이 육체와 정신을 소유하도록 정했고, 이 육체와 정신을 사용해서 재산을 만들었으니, 그 재산을 소유하는 것 역시 신의 법칙, 즉 자연법이라는 이야기였다. 이런 논리로 로크는 국가가 개인의 자유를 침해할 수 없다고 강조했다. 이는 자연법을 위반하는 것이다. 우리가 자유민주주의로 부르는 정부체제의 논리가 이렇게 만들어졌다. 자연법인 개인의 자유를 지키기 위해 주권을 왕이 아니라 국민(또는 의회)이 가져야 한다.

그런데 소유권으로서 자유에는 치명적 결함이 있었다. 현실에서는 노동하지 않고도 재산을 소유한 사람이 다수였기 때문이다. 더군다나 현실의 농민과 노동자는 아무리 열심히 일해도 재산을 모으기 어려웠다. 자유는 현실에서 특권이었다. 자유는 불평등했다.

자유와 평등의 대립은 18세기 후반 미국에서 첨예한 쟁점으로 부상했다. 독립혁명의 지도자들은 인간의 지혜로 고안해낼 수 있는 가장 현명하고 행복한 정부를 구성하고 수립하는 것이 목표였다. 그런데 독립선언이 표명한 "모든 인간은 평등하게 태어났다."라는 원칙을 실제로 구현하는 것이 생각만큼 쉽지 않았다. 독립 당시 미국 사회에는 상당한 빈부 격차와 계층 간 차별이 존재하고 있었다. 평등의 원칙은 이런 상하 계층 구분과 충돌할 수밖에 없었다. 더군다나 수공업자와 농민은 독립운동 이후에도 무장을 풀지 않고 있었다. 미국 엘리트들이 함부로 하위 계층의 불만을 무시할 수 없었다. 현존하는 경제적 불평등과 독립선언의 평등주의 원칙은 지도자들이 어떻게든 조화시켜야만 했던 문제였다.

그렇다면, 엘리트들은 이 딜레마를 어떻게 풀었을까? 해법은 경제적 하위 계층의 백인 남성에게 정부와 의회에 참여할 기회를 주는 것이었다. 주와 지역에 따라 60~90% 백인 남성에게 투표권이 부여됐다. 주 의회에서는 수공업자와 농민을 대변하는 대표들이 5분의 2 이상을 차지할 수 있었다.[57] 고도성장으로 모든 계층의 소득이 빠르게 상승하는 조건에서 보통선거를 통해 정치적 평등이 확대된 것이었다. 그리고 이 때부터 미국인이라는 정체성의 토대도 만들어졌다. '아메리칸 드림'을 공유하는 주민들이 곧 평등한 국민이 된 덕분이었다.

프랑스혁명이라는 분기점

미국의 평등은 프랑스에서 좀 더 급진화되었다.

프랑스혁명에서 평등의 문제는 1789년 국민의회가 채택한 〈인간과 시민의 권리선언〉(인권선언)으로 정치 전면에 등장했다. 인권선언은 모든 인간은 자유, 재산, 안전, 저항 등 자연법적인 불가침의 권리를 갖는 시민이라고 선언했다. 하지만 현실은 자연법의 세계와 전혀 달랐다. 공화국의 첫 헌법은 그 평등한 인간을 납세액에 따라 능동적 시민과 수동적 시민으로 나눴기 때문이다. 수동적 시민은 투표권을 가지지 못했다.

이에 분노한 민중들이 1793년 국민공회에 난입해 주류 세력(지롱드파)을 축출했다. 그리고 국민공회의 급진파를 대표했던 자코뱅파가 파리 서민(상퀼로트)의 지지로 권력을 잡았다. 수공업자, 소상인, 노동자

등이 주도한 대중운동은 평등주의 지향이 강했다. 그들은 소유권을 부정하지는 않았지만, 경제적 평등을 위해 소유권이 제한될 수 있다고 주장했다. 자코뱅은 새 헌법에서 신성불가침의 권리였던 소유권을 법질서 내의 제한적 권리로 조정했고, 생존권이 소유권에 앞선다는 점도 명시했다.

프랑스혁명의 상징이라 할 인권선언은 자유와 평등을 동등한 것으로 표현했다. 인권선언은 "인간은 태어날 때부터 자유롭고, 또 권리에서 평등하다."라고 시작한다. 신분제 같은 불평등한 사회에서 인간이 자유를 충분히 누릴 수는 없다. 또한, 노예처럼 자유가 없는 인간이 평등할 수도 없다. 자유와 평등은 둘 중 하나가 없으면 다른 하나도 불완전하다.[58] 자유와 평등이 서로의 조건이 된다는 점은 당대 프랑스 혁명가들의 논리적 결론이었다.

하지만 평등과 자유는 논리적 자명성과 달리 현실에서는 매번 충돌했다. 무엇보다 소유권이 문제였다. 프랑스혁명의 사상적 토대를 제공한 루소는 자유와 평등이 충돌하는 것을 소유권의 필연적 결과로 설명했다. 선한 개인도 집단에서는 허세를 부리고 다른 이를 질투하는데, 생산력 발전으로 소유할 수 있는 재산이 늘어나면 이를 두고 새로운 형태의 경쟁이 만들어진다는 것이 그의 논리였다. '재산 소유'가 선하고 자유로운 개인들을 억압한다. 그래서 자유로운 개인이 동시에 평등해지려면 "최초의 인간이 갑자기 주변의 땅에 울타리를 치고 '이 땅은 내 땅'이라고 선언했을 때, 모두 달려가 그 울타리를 부수고 땅에서 나는 결실은 공동의 소유이며, 땅 자체도 누구의 소유가 아니라고 주장해야"[59]만 했었다.

하지만 루소처럼 재산 소유권을 부정하는 건 현실의 사회적 관계와 충돌할 수밖에 없었다. 혁명을 주도한 엘리트도, 인구의 절대다수를 이루고 있던 농민도 사적 재산권을 필사적으로 옹호했기 때문이다. 심지어 무산자 계급인 노동자들도 재산의 분배를 바랐지, 재산 소유가 없는 세상을 바라지는 않았다. 루소의 평등은 현실의 이해관계 앞에서 공허했다.

평등이 규범적 의미가 아니라 경제 법칙의 부당함으로 인식되기 시작한 건 마르크스 이후였다. 마르크스는 경제 법칙의 불평등성에 주목했다. 그는 자본의 소유자가 노동능력의 소유자(노동자)를 지배하는 경제 법칙이 불평등의 근본적 원인이라고 분석했다. 이 불평등은 사적으로 소유하는 생산수단(이것이 자본이다.)을 사회적 소유로 만들고, 자본 소유자의 지배를 재생산하는 정부를 다수 노동자를 위한 민주주의로 변혁해야 해결할 수 있다. 마르크스는 이런 변화의 실마리를 프랑스혁명의 파리코뮌에서 찾았다.

파리코뮌은 1871년 3월 말부터 약 2개월간 지속한 자치정부였다. 1870년 보나파르트 제정은 프로이센과의 전쟁에서 패한 후 몰락했다. 그리고 베르사유에 제3공화정이 건설됐다. 그런데 새 공화정은 출범과 함께 프로이센에 다시 맞서 싸운 게 아니라, 그들의 협조를 얻어 무장하고 있던 파리 시민을 공격했다. 이에 시민들은 선거로 파리 자치정부를 건설하고, 항전에 돌입했다.

다양한 사회주의자들이 활약했던 파리에서는 급진적 정책이 여럿 시행됐다. 특히 정부 개혁에 급진적이었다. "정치경찰, 부패한 관료와 같은 부르주아의 낡은 국가기구를 가지고 노동자계급이 코뮌을 관리할 수는 없는 노릇"[60]이었기 때문이다. 코뮌은 정부 관료의 급여를 노동자 평균으로 제한했고, 징집과 상비군 대신 시민 모두가 무장하고 자발적으로 방위군에 참여하도록 했다. 또한, 입법·사법·교육 등 모든 직책의 관계자들을 직접선거로 인선했고, 시민들이 그 대표들을 언제든 소환할 수 있도록 했다. 이렇게 직접 민주주의(대표자는 인민의 의견을 대리할 뿐이다.)로 운영되는 정부가 건설됐다.

마르크스와 엥겔스는 파리코뮌을 '프롤레타리아트 독재'의 구체적 형태라고 평가했다.[61] 그들에 따르면 지금까지의 정부들은 "부르주아 계급의 통치위원회"였을 뿐이다. 국민 주권은 형식적이었고, 실제의 주권은 부르주아만 가지고 있었다. 민주주의는 부르주아 독재의 껍데기였다. 프롤레타리아트 독재는 부르주아 독재를 파괴할 때까지 유지되는 일시적 독재다. 동시에 이 독재는 겉모습만 독재일 뿐인데, 파리코뮨 같은 직접 민주주의로 인민 다수가 실질적 주권을 행사하기 때문이다. 형식적 독재 아래서 실질적 민주주의가 보장된다. 이는 후에 인민민주주의라는 이름으로 불리기도 했는데, 자유라는 지향의 허구성을 폭로하기 위해 배제되었던 다수, 즉 인민이라는 주권자를 강조한 것이었다.

마르크스가 재해석한 파리코뮨은 1917년 러시아혁명에서 실천적 의미를 얻었다. 레닌은 "코뮨은 프롤레타리아 혁명에 의해 시도된 부르주아 국가기구를 타도하려는 최초의 시도이며, 타도된 국가기구를 대체할 수 있고 대체해야 하는 '최종적으로 발견된' 정치형태이다."라고 말했다. 러시아혁명 이후 파리코뮨은 진정한 민주주의를 추구하는 사회주의의 혁명의 구체적 모델로 인정받았다.

하지만 러시아에서의 파리코뮨(소비에트), 즉 프롤레타리아트 직접 민주주의는 마르크스의 상상과 달리 급속도로 공산당 독재로 타락했다. 존 스튜어트 밀이 우려했듯, 직접 민주주의는 다수의 전제정으로 타락할 수 있다. 소비에트에 의한 직접 민주주의는 공산당이 소비에트를 지배하기 시작하면서 공산당 독재로 변질됐다. 공산당의 계급적 의지는 노동자계급의 일반의지를 대체했다. 공산당은 이렇게 거대한 전제정을 만들었다. 부르주아 독재가 프롤레타리아트 독재로 파괴된 것이 아니라, 다수를 자처하는 공산당 독재로 퇴행해 버린 것이었다.

20세기의 혁신과 곤란

한편, 자유민주주의의 계보를 이어간 나라들은 케인스주의를 통해 대대적 혁신에 나섰다. 케인스는 계급 전쟁을 예방하기 위해 자유민주주의의 결함을 보완해야 한다고 주장했다. 요지는 이런 것이었다. 기업이 위축되어 투자를 회피하는 상황을 방지하려면 정부가 직접 투자에 나서야 하고, 경기침체와 실업의 악순환이 커지는 걸 예방하려면 정부가 완전고용 정책을 펴야 한다. 고용을 창출하는 투자 대신 이자 소득만 올리는 금리 생활자에게는 안락사에 버금가는 규제가 필요하다. 케인스주의는 20세기 중반의 경제 성장에 필요한 여러 제도를 이런 논리로 혁신했다. 또한, 경제적 불평등이라는 자유민주주의의 약점도 어느 정도 봉합할 수 있었다.

케인스주의 정책이 도입된 나라들에서는 계급 타협에 필요한 제도들이 만들어졌다. 사실 케인스주의는 노동자 대중의 지지가 없으면 작동 자체가 불가능했다. 자본가들의 자본가라 할 금융을 억압하고, 부자들에게 세금을 인상해 재정을 확장하려면, 투표권을 가진 납세자의 전폭적 지지를 받아야만 했기 때문이다. 미국에서는 루스벨트가 대공황 극복책으로 뉴딜 정책을 펴면서 노동조합 활동에 필요한 법과 사회복지를 도입했다. 그리고 미국노총은 이때부터 민주당을 전략적으로 지지했다. 이것이 바로 미국 민주당의 20세기 뿌리이자 미국 민주주의의 한 축을 담당하는 뉴딜 동맹이다.

서유럽에서는 케인스주의에 적합한 정치체제로 사회민주주의가 자리를 잡았다. 20세기 초까지 사회민주주의는 온건한 개혁으로 사회주의를 달성하자는 전략이었다. 그러나 사회민주주의 정당들이 제2차 세계대전 전후로 케인스주의를 수용하면서 의미가 바뀌었다. 서유럽 사회민주주의 정당들은 오래전부터 노동조합, 지역 자치조직 같은 대중 조직들과 동맹 관계를 맺고 있었다. 말하자면 뉴딜 동맹이 19세기 말, 20세기 초에 이미 존재했던 셈이다. 소련 사회주의가 타락해 큰 곤란에 빠진 사회민주주의 정당들은 케인스주의를 통해 갱생할 수 있었다. 그런데 이런 케인스주의가 1970년대 위기에 빠졌다. 이윤율 하락이라는 자본주의의 치명적 결함이 발목을 잡았다.

이때 나타난 것이 신자유주의였다. 신자유주의는 자유나 평등 같은 이념을 정치의 주변부로 내몰았다. 정치는 시장에 개입해서는 안 되었고, "바보야, 문제는 경제야!"라는 구호(빌 클린턴)가 정치를 지배했다. 신자유주의는 자본가의 무기력을 정부 투자 대신 금융 주도의 세계화로 치유했다. 노동자의 불만은 완전고용 대신 실업 관리로 보완했다. 계급 전쟁을 방지하는 방법은 계급 타협이 아니라 노동자계급의 본진을 무력화하는 노동조합의 포섭(정규직)과 배제(비정규직) 전략으로 대체했다.

선진국과 달리 개발도상국에서는 자유민주주의가 좀 다른 맥락으로 도입되고 혁신되었다. 케인스주의가 아니라 로스토가 주장한 '선의의 독재자'가 자유민주주의의 자리를 차지했기 때문이다. 사실 한국에서 아직도 자유민주주의가 반공 독재 친화적 개념으로 이해되는 건 이런 역사적 맥락이 있다.

개발도상국에서 민주화는 신자유주의와 함께 시작됐다. 정말로 역설적이었다. 신자유주의는 시장의 논리를 앞세워 자유와 평등을 주변화하는 정책이었으니 말이다. 칠레, 대만, 한국 등에서 1990년대 일제히 독재가 종식됐다. 민중의 투쟁도 큰 역할을 했지만, 신자유주의적 세계 질서도 중요했다. 냉전 이후 미국은 월스트리트의 대형 금융기관이 세계 곳곳에서 자유롭게 활동하도록 각국의 규제를 철폐하는 데 상당한 노력을 기울였다. 한국, 대만, 칠레 등에 큰 영향력을 발휘했던 미국은 이전처럼 독재자들을 지지하지 않았다. 신자유주의는 노동자와 서민에 많은 고통을 부과하는 정책 개혁이었다. 정당성 없는 독재보다 대중적 지지를 받는 문민정부가 신자유주의 개혁을 추진하는 데 유리한 점이 있었다. 독재를 끝낸 문민정부들의 과제는 대중을 설득하며 21세기적 자유민주주의의, 즉 신자유주의 개혁에 매진하는 것이었다.

하지만 신자유주의적 개혁도 자유민주주의의 대안이 될 수는 없었다. 신자유주의의 선구자인 미국에서는 2016년에 시민들이 트럼프를 선택했다. 트럼프는 자유민주주의와 정말로 어울리지 않는 인물이었다. 그는 단지 대통령에 당선된 것만이 아니라 미국 공화당의 체질까지 바꿔놨다. 신자유주의의 치명적 결함은 지속적 경제 성장을 담보하지 못한다는 점이었다. 금융 주도의 세계화는 2008~2009년 세계금융위기에서 드러났듯 지속 가능한 성장 방식이 되지 못했다. 2010년대의 세계적인 저성장과 부채 폭증은 경제의 불안정성을 심화했다. 더군다나 세계화와 결합한 노동시장 유연화는 선진국에서 중간층을 몰락시켰다. 자유와 평등을 유보하면서까지 풍요를 위해 매진했는데, 풍요는 제대로 달성하지 못했고, 자유롭고 평등한 세계는 더욱 멀어졌다.

포퓰리즘으로 불리는 자유민주주의와 거리가 먼 정치가 21세기에 확대되는 건 신자유주의의 실패와 관련이 깊다. 신자유주의 개혁은 민주당, 사민당, 자유당 같은 자유주의적 전통에 있는 세력만이 아니라 공화당, 기민당, 보수당 같은 (자유민주주의에서 벗어나지는 않지만 변화에도 소극적이었던) 보수주의 세력에 의해서도 열성적으로 추진됐다. 그런데 이런 신자유주의가 실패한 것이다. 포퓰리즘은 이런 맥락에서 기존 정치 일반을 부정하며 성장할 수 있었다. 포퓰리즘 정치는 자유와 평등이라는 현대적 이념을 정치적 액세서리 정도로 취급하면서, 경제학 같은 자유민주주의의 과학적 토대까지 무시한다.

주

1 대런 애쓰모글루·제임스 A. 로빈슨, 2012,《국가는 왜 실패하는가》, 시공사.

2 존 로크, 2019,《통치론》, 돋을새김.

3 2016헌나1 대통령(박근혜) 탄핵 사건 헌법재판소 결정문

4 박상훈, 2018,《청와대 정부》, 후마니타스.

5 http://news.kmib.co.kr/article/view.asp?arcid=0015303582&code=61121111

6 도메 다쿠오, 2018,《지금 애덤 스미스를 다시 읽는다》, 동아시아 출판사.

7 존 스튜어트 밀, 2014,《자유론》, 산수야.

8 존 스튜어트 밀, 2012,《대의 정부론》, 아카넷.

9 데이비드 헬드, 2018,《민주주의의 모델들》, 후마니타스.

10 린쯔·바렌주엘라, 1995,《내각제와 대통령제》, 나남출판사.

11 김항, 2019,〈총과 법전의 동맹- 인민의 갈채와 현대 한국의 포퓰리즘〉,《시민과 세계(통권 35호)》, 참여사회연구소.

12 위의 논문.

13 이영훈, 2017,《한국경제사 II》, 일조각.

14 이한구, 2007,〈귀속재산불하가 재벌형성에 미친 영향〉,《경영사연구(통권 43

호)》, 한국경영사학회.

15 이한구, 1999,《재벌형성사》, 비봉출판사.

16 Walt Whitman Rostow, 1991,《*The Stages of Economic Growth: A non-communist manifesto*》, Cambridge University Press.

17 배리 아이켄그린 · 드와이트 퍼킨스 · 신관호, 2013,《기적에서 성숙으로》, 서울 셀렉션.

18 김명주, 2017,《헌법사 산책》, 산수야.

19 한지원, 2020, 〈정치 · 경제 역사로 살펴본 민주당 정치의 위험성〉,《계간 사회진보연대》, 사회진보연대.

20 Randall Morck and Bernard Yeung, 2014, "Enterprise models: freestanding firms versus family pyramids",《*The Cambridge History of Capitalism*》, Cambridge University Press.

21 박용수, 2016, 〈한국의 제왕적 대통령론에 대한 비판적 시론: 제도주의적 설명 비판과 편법적 제도운영을 통한 설명〉,《한국정치연구(Vol.25)》, 서울대학교 한국정치연구소.

22 Douglass C. North, John Joseph Wallis, Barry R. Weingast, 2009,《*Violence and Social Orders_ A Conceptual Framework for Inter preting Recorded Human History*》, Cambridge University Press.

23 한지원, 2019, 〈저임금 · 임금격차에 대한 노동자운동의 접근방향〉,《노동자운동연구소 이슈페이퍼》, 사회진보연대.

24 갤럽리포트, https://www.gallup.co.kr/gallupdb/report.asp

25 IMF Economic Outlook 2021 October.

26 위의 자료.

27 E.H. 카, 1994,《역사란 무엇인가》, 범우사.

28 강만길, 2014,《20세기 우리역사: 강만길의 현대사 강의(개정판)》, 창비.

29 백낙청 외, 2019,《백년의 변혁, 3·1에서 촛불까지》, 창비.

30 박희진, 2014, 〈역사인구학 관점으로 해석하는 조선후기〉,《역사와 현실(제93
호)》, 한국역사연구회.

31 로버트 C. 앨런, 2011,《세계경제사》, 교육서가.

32 조반니 아리기, 2014,《장기 20세기》, 그린비.

33 윤소영, 2013,《봉건제론: 역사학 비판》, 공감.

34 김재호, 2020,《대체로 무해한 한국사》, 생각의힘.

35 한지원, 2021,《자본주의는 왜 멈추는가》, 한빛비즈.

36 올랜드 파이지스, 2017,《혁명의 러시아 1891~1991》, 어크로스.

37 와다 하루키 외, 2017,《동아시아 근현대통사》, 책과함께.

38 시모토마이 노부오, 2017,《아시아냉전사》경북대학교출판부.

39 위의 책.

40 오코노기 마사오, 2019,《한반도 분단의 기원》, 나남.

41 윤소영, 2020,《한국사회성격논쟁 세미나 II》, 공감.

42 시모토마이 노부오, 앞의 책.

43 양문수, 2015, 〈북한의 경제발전전략 70년의 회고와 향후 전망〉,《통일정책연
구(제24권)》, 통일정책연구원.

44 백승욱, 2020, 〈미국헤게모니 형성기 동아시아 국가간 체계 질서의 변동: 월러
스틴의 이론 자원으로 검토한 냉전 형성 과정과 중국 변수〉,《아시아리뷰(통권
20호)》, 서울대학교 아시아연구소.

45 그레이엄 앨리슨, 2018,《예정된 전쟁: 미국과 중국의 패권 경쟁, 그리고 한반도
의 운명》, 세종서적.

46 차전환, 2019, 〈폴리비오스의 정체이론과 로마 공화정 분석〉,《세계역사와 문

화 연구 (50)》, 한국세계문화사학회.

47 스티븐 레비츠키, 대니얼 지블랫, 2018,《어떻게 민주주의는 무너지는가》, 어크
로스.

48 Carlo Bastasin, Manuela Mischitelli and Gianni Toniolo, 2019, "Living
with high public debt, Italy 1861-2018", School of European Political
Economy.

49 마르코 타르키, 2005,〈이탈리아의 인민주의〉,《인민주의 비판》, 공감.

50 요시미 순야, 2020,《헤이세이 일본의 잃어버린 30년》, 에이케이커뮤니케이
션스.

51 데이비드 헬드, 앞의 책.

52 한지원, 앞의 책.

53 Torsten Persson and Guido Tabellini, 2004, "Constitutions and Eco-
nomic Policy",〈*Journal of Economic Perspectives Vol.18*〉Number1.

54 한지원, 앞의 책.

55 정이환, 2013,《한국고용체제론》, 후마니타스.

56 임필수, 2021,〈미국의 전략적 경쟁과 한국의 전략적 선택〉,《계간 사회진보연
대(통권 177호)》.

57 데이비드 파커 외, 2009,《혁명의 탄생》, 교양인.

58 에티엔 발리바르, 1991,〈"인간의 권리"와 "시민의 권리": 평등과 자유의 근대적
변증법〉,《맑스주의 역사》, 민맥.

59 앨런 라이언, 2017,《정치사상사》, 문학동네.

60 칼 마르크스, 1991,《프랑스 혁명사 3부작》, 소나무.

61 앞의 책.